RAFFINIERT & SCHNELL

Sonja Heller

RAFFINIERT & SCHNELL

Genießer-Rezepte mit Fertigprodukten

Weltbild

Kochen ganz schnell – für den Küchenrebell!

Die »Raffinierte Schnellküche« stellt sich vor:

Der Griff zu praktischen Fertigprodukten macht's möglich, im Nu steht ein köstliches Gericht auf dem Tisch. Ganz besondere Freude haben daran Singles, die gerne gut essen, dafür aber nicht stundenlang den Kochlöffel schwingen wollen, oder auch Paare, die am Abend nach der Arbeit mehr Zeit für sich haben möchten. Natürlich gibt es noch unzählige andere Anlässe, für die sich ein schnelles, einfaches, aber dennoch köstliches und ausgefallenes Essen anbietet. Denn das schätzt der unverhoffte Besucher genauso wie Gäste, die nicht auf ihren Gastgeber verzichten möchten, weil er seinen Platz an der Tafel mit dem vor dem Herd vertauschen musste.

Kochen mit Fertigprodukten – schmeckt das überhaupt?

Und ob! Auf die richtige Kombination kommt es an, dann ist das Essen nicht nur absolut lecker, sondern auch gesund. Fast alle nötigen Dosen, Frische-Packs, Tüten, Gläser, Tiefkühlprodukte gibt es im Supermarkt und das frische Drumherum wie Kartoffeln, Salate, Frischgemüse, Zwiebeln und Knoblauch gleich dazu. So sind die Rezepte der Schnellküche darauf ausgerichtet, einerseits fix fertig zu sein, gut zu schmecken und andererseits genügend Nährstoffe zu liefern. Nicht zu unterschätzen ist zudem Gemüse aus der Tiefkühltruhe, bietet es doch häufig mehr Vitamine als Frischgemüse, das einen langen Transportweg hinter sich hat.

Allzeit kochbereit...

Damit es wirklich schnell geht, sollten immer genügend Fertigprodukte im Haus sein. Ganz, ganz wichtig: Tomatenstücke aus der Dose, Dosen-Ananas, Tiefkühlkräuter und -gemüse sowie Nudeln und Reis. Ansonsten einfach alles, was man selber gerne mag. Wer dazu frische Sahne, etwas Salat oder Gemüse im Kühlschrank hat, kann sich bereits Küchenmeister in Sachen »Schnellkochen« nennen. Ganz perfekt wird schließlich, wer sich die Tipps der »Schnellküche« zu Herzen nimmt. Sie verraten auch die besten Getränke, Variationen und Kochgeheimnisse. Und da die Schnellküche nicht nur praktisch, sondern auch umweltfreundlich ist, geben die Tipps darüber hinaus Hinweise zum richtigen Umgang mit den Verpackungen der verwendeten Zutaten.
In diesem Sinne: viel Spaß und guten Appetit!

Das richtige Maß

Lebensmittel	1 EL	1 TL
Butter	10 g	5 g
Grieß	12 g	3 g
Käse	8 g	3 g
Mehl	10 g	3 g
Milch	12 g	5 g
Salz	9 g	3 g
Speisestärke	10 g	5 g
Zucker	15 g	5 g

Abkürzungen

Bd.	Bund
cl	Zentiliter
EL	Esslöffel
g	Gramm
kg	Kilogramm
l	Liter
mg	Milligramm
ml	Milliliter
Msp.	Messerspitze
TL	Teelöffel

Empfohlene Mengen pro Person

Blattsalat	50 g
Fisch	250 g
Fischfilet	150 g
Fleisch zum Schmoren	300 g
Fleisch zum Grillen und Braten	200 g
Gemüse als Beilage	250 g
Gemüse als Hauptgericht	400 g
Hackfleisch	125 g
Kartoffeln als Beilage	200 g
Kartoffeln als Hauptgericht	400 g
Reis als Beilage	60 g
Reis als Hauptgericht	100 g
Scampi	400 g
Suppe als Hauptgericht	1/2 l
Suppe als Vorspeise	1/4 l
Nudeln als Beilage	60 g
Nudeln als Hauptgericht	150 g

Für einen allein – ganz fein

Kürbiscremesuppe

Zutaten
für 1 Person

- 1 kleine Zwiebel
- 1 Knoblauchzehe
- 30 g Butter
- 1 Glas Kürbisstücke (330 g)
- 1/8 l Fleischbrühe
- 1/8 l trockener Weißwein
- 100 g Schmelzkäse
- Salz
- Pfeffer aus der Mühle
- 1/2 TL gemahlener Piment
- Cayennepfeffer
- 1 TL hauchdünn geschnittener Ingwer
- 1 Scheibe Toastbrot

30 Minuten

1 Zwiebel und Knoblauch abziehen und fein hacken. 20 g Butter in einem Topf schmelzen, Zwiebel zufügen und darin anschwitzen. Knoblauch hinzugeben. Kürbisstücke abtropfen lassen und in den Topf geben. Mit Fleischbrühe auffüllen und 15 Minuten köcheln lassen. Den Weißwein aufgießen.

2 Suppe passieren oder mit dem Pürierstab pürieren. Den Schmelzkäse zufügen und rühren, bis er sich aufgelöst hat. Mit wenig Salz würzen, viel frisch gemahlenen Pfeffer, Piment, 1 Prise Cayennepfeffer und Ingwerscheiben zur Suppe geben.

3 Toastbrot in Würfel schneiden, in 10 g Butter anrösten und vor dem Servieren über die Suppe geben.

Nudelsuppe Hongkong

Zutaten
für 1 Person

- 1 Knoblauchzehe
- 1 kleines Stück Ingwerwurzel
- 1 EL Öl
- 50 g Austernpilze
- ¼ l Geflügelbrühe
- 1 EL Sojasauce
- 1 kleine Möhre
- 1 Frühlingszwiebel
- 1 kleines Hühnerbrustfilet
- 50 g feine Suppennudeln
- Salz
- schwarzer Pfeffer

30 Minuten

1 Knoblauch und Ingwerwurzel schälen und fein hacken. In einem breiten Topf in Öl andünsten. Austernpilze putzen, kurz abbrausen, in schmale Streifen schneiden und ebenfalls in den Topf geben. Alles zusammen 5 Minuten dünsten. Geflügelbrühe aufgießen, Sojasauce dazugeben und erhitzen.

2 Möhre schälen und grob raspeln, Frühlingszwiebel putzen, waschen und in schmale Ringe schneiden. Hühnerbrustfilet in Streifen schneiden und zusammen mit dem Gemüse zu den Austernpilzen geben. Aufkochen und 5 Minuten köcheln.

3 Suppennudeln in den Topf streuen und knapp 10 Minuten bei milder Hitze gar ziehen lassen. Die Suppe mit Salz und Pfeffer abschmecken.

TIPP

Suppen können abgekühlt Platz sparend in Gefrierbeuteln eingefroren werden. Dabei muss nur darauf geachtet werden, den Beutel nicht zu voll zu machen, um ihn ohne Fingerverrenkungen fest verknoten zu können.

Ensalada española

Zutaten
für 1 Person

- 1 kleine Dose Mais (150 g)
- ½ Dose Tomatenstücke (200 g) oder 1 Fleischtomate
- ½ Avocado
- 3 EL Zitronensaft
- 50 g Feldsalat
- 1 EL Knoblauchöl
- 4 küchenfertige Scampi
- 1 kleine Zwiebel
- 1 Knoblauchzehe
- Salz, Pfeffer
- Zucker
- Chilipulver
- 2 EL Walnussöl

1 Mais und Tomatenstücke abtropfen lassen oder Fleischtomate in Stücke teilen. Fruchtfleisch der Avocadohälfte mit einem Löffel vorsichtig herausheben, in Würfel schneiden und mit etwas Zitronensaft beträufeln. Feldsalat putzen und waschen.

2 Knoblauchöl in einer Pfanne erhitzen, Scampi darin kurz braten. Warm halten.

3 Für die Salatsauce Zwiebel und Knoblauchzehe abziehen. Zwiebel fein würfeln, Knoblauchzehe hacken, beides mit Zitronensaft verrühren. Sauce mit den Gewürzen scharf abschmecken, Walnussöl unterschlagen und mit Mais, Avocado und Tomaten vermischen.

4 Feld- und Maissalat nach Belieben auf dem Teller arrangieren und mit Scampi garnieren.

20 Minuten

TIPP

Der Maissalat lässt sich gut vorbereiten. Aufbewahrt wird er im Kühlschrank, als Gefäß eignet sich beispielsweise eine leere Plastikdose mit Deckel, in der sich einmal Portionseis oder Margarine befand.

Broccoli-Champignon-Salat

Zutaten
für 1 Person

- 200 g tiefgefrorene Broccoliröschen
- 100 g frische Champignons
- 2 TL Zitronensaft
- 1 Beutel fertiges Jogurt-Dressing
- 50 g geräucherte Putenbrust
- 1 EL ungesalzene Erdnüsse

20 Minuten

1 Broccoli bissfest garen und in eine Salatschüssel geben.

2 Champignons putzen, in dünne Scheiben schneiden und mit Zitronensaft beträufeln. Champignons mit den Broccoliröschen vorsichtig mischen.

3 Jogurt-Dressing über den Salat geben. Putenbrust in feine Streifen schneiden und mit den Erdnüssen über das Dressing streuen.

TIPP

Wenn Sie Ihre gebrauchten Verkaufsverpackungen mit dem Grünen Punkt entsorgen, achten Sie bitte auf die Sortierhinweise an Ihren Sammelbehältern.

Gebackener Tomaten-Feta

Zutaten für 1 Person

- 1 kleine Tomate
- ½ Zwiebel
- 100 g Schafskäse (Feta) im Frische-Pack
- Salz
- schwarzer Pfeffer
- 1 Prise getrockneter Rosmarin
- 1 eingelegte Peperoni
- 1 TL Olivenöl

1 Tomate vom Stielansatz befreien und in Scheiben schneiden. Zwiebel würfeln.

2 Schafskäse auf ein ausreichend großes Stück Alufolie legen. Mit Tomatenscheiben belegen und mit Salz, Pfeffer und Rosmarin würzen. Peperoni und Zwiebelwürfel darüber geben. Die oberste Schicht mit Olivenöl beträufeln. Den Schafskäse in die Alufolie einwickeln und für ca. 10 Minuten in den auf 220 Grad vorgeheizten Ofen geben.

20 Minuten

TIPP

Herrlich dazu: frisch aufgebackenes Pita-Brot – gibt es zum Fertigbacken im Kühlfach des Supermarktes.

Atlantik-Salat

Zutaten für 1 Person

- 4 Stangen weißer Spargel aus dem Glas (370 g)
- ½ Dose Tomatenstücke (200 g)
- 1 kleine Zwiebel
- 1 TL Rotwein-essig
- 1 TL Balsa-mico-Essig
- 2 EL Speiseöl
- Salz, Pfeffer
- Basilikum
- ein paar Blätter Friséesalat
- 50 g Krabben
- 1 EL geriebener Parmesan

10 Minuten

1. Spargel und Tomaten abtropfen lassen. Spargel zerteilen.

2. Zwiebel abziehen, fein würfeln und mit Essig und Öl vermengen, mit Salz, Pfeffer und Basilikum würzen und mit den Tomatenstücken mischen.

3. Salatblätter auf einen Teller legen. Spargel und Krabben darauf anrichten und Tomatenstücke mit der Marinade darüber gießen. Mit Parmesan bestreuen.

Knusper Speck-Rösti

Zutaten
für 1 Person

- 50 g durchwachsener Speck
- ½ Packung Käse-Rösti-Pfanne im Frische-Pack

20 Minuten

1 Speck in kleine Würfel schneiden. Eine beschichtete Pfanne erhitzen und die Speckwürfel darin ganz kurz anbraten.

2 Frische-Pack aufreißen und vor der Entnahme den Inhalt durch vorsichtiges Drücken mit beiden Händen etwas auflockern. Röstimasse zum Speck in die Pfanne geben und gleichmäßig verteilen. Mit einem Pfannenwender auflockern und ohne weitere Fettzugabe bei starker Hitze ca. 5 Minuten anbraten, ab und zu wenden.

3 Rösti vom Pfannenrand zur Mitte hin etwas festdrücken. Hitze leicht zurückschalten und Kartoffelmasse 5 Minuten, ohne zu wenden, braten. Erst wenn sich am Rand eine goldbraune Kruste gebildet hat, wird gewendet.

4 Zum Wenden einen großen flachen Deckel auf die Pfanne legen, fest andrücken und mit Schwung umdrehen. Rösti vom Deckel in die Pfanne zurückgleiten lassen und die zweite Seite in ca. 5 Minuten goldbraun braten.

Tomatenreis arrabbiata

Zutaten
für 1 Person

- 100 g Kabanossi
- ½ Packung »Tomatenreis Provençale« (fertiges Reisgericht à 155 g)
- 1 kleine Dose Mais (150 g)
- Cayennepfeffer
- Schnittlauch

15 Minuten

1 Kabanossi in Scheiben schneiden. Den Tomatenreis zusammen mit den Wurstscheiben nach Packungsanweisung zubereiten.

2 Mais abtropfen lassen und unter das Reisgericht mengen. Alles zusammen einige Minuten garen, dann mit Cayennepfeffer feurig scharf abschmecken.

3 Schnittlauch in kleine Röllchen schneiden und vor dem Servieren über den Tomatenreis streuen.

TIPP

Wer etwas mehr Zeit zum Kochen investieren möchte, kann den Tomatenreis auch in ausgehöhlte Fleischtomaten füllen. Das sieht nicht nur gut aus, es eignet sich auch hervorragend als Partygericht – ob warm oder kalt!

Rigatoni

Rigatoni Carbonara

Zutaten
für 1 Person

- 100 g Rigatoni
- Salz
- 150 g Broccoli
- 1 Tomate
- ½ Beutel Saucen-Fix für Spaghetti alla Carbonara
- 2 EL Sahne
- 1 EL Weißwein
- 20 g geriebener Emmentaler

1 Rigatoni nach Anweisung in Salzwasser bissfest garen.

2 In der Zwischenzeit Broccoli putzen und waschen, in kleine Röschen teilen, Stiele in Stücke schneiden. ¼ l Wasser mit Salz aufkochen, Broccoli dazugeben und bei schwacher Hitze in etwa 7 Minuten bissfest garen.

3 Tomate überbrühen, Haut abziehen, entkernen und in Würfel schneiden.

4 Saucen-Fix in ⅛ l kaltes Wasser einrühren, unter Rühren aufkochen und bei schwacher Hitze 1 Minute kochen. Sahne und Tomatenwürfel dazugeben und mit Weißwein abschmecken.

5 Rigatoni und Broccoli mischen. Auf Tellern anrichten und Sauce darüber verteilen. Mit Käse bestreuen und servieren.

30 Minuten

Garnelencurry

Zutaten
für 1 Person

- 3 Kartoffeln
- 1 EL Margarine
- 1 TL Curry
- ½ Dose Broccolicremesuppe
- 100 g küchenfertige Garnelen
- ½ TL Kreuzkümmel
- Salz

1 Kartoffeln schälen, in kleine Würfel schneiden und in der Margarine andünsten.

2 Broccolicremesuppe zu den Kartoffeln gießen, aufkochen lassen und ca. 7 Minuten garen.

3 Garnelen zur Kartoffelpfanne geben und alles zusammen weitere 5 Minuten garen. Mit Gewürzen abschmecken und servieren.

20 Minuten

TIPP

Konservendosen gehören in den Gelben Sack oder die Gelbe Tonne – spülen ist nicht nötig, aber entfernen Sie bitte vor der Entsorgung alle Lebensmittelreste!

Kartoffelgnocchi an Apfelsauce

Kartoffelgnocchi

Zutaten
für 1 Person

- ½ Packung Kartoffelgnocchi aus dem Frische-Pack (125 g)
- 1 Apfel, z.B. Jonagold
- 1 dünne Stange Lauch
- 30 g Stangensellerie
- 1 TL Butter
- Salz
- Pfeffer
- ⅛ l Gemüsebrühe
- 3 EL Apfelsaft
- 1 TL Zitronensaft
- ½ TL getrockneter Majoran
- 1 TL Crème fraîche

30 Minuten

1 Kartoffelgnocchi nach Packungsanweisung zubereiten und warm stellen.

2 Apfel entkernen und würfeln. Lauch und Sellerie putzen und würfeln. Butter in einem Topf schmelzen, Apfel und Gemüse hinzufügen, mit Salz und Pfeffer würzen, kurz andünsten. Mit Gemüsebrühe, Apfel- und Zitronensaft aufgießen, Majoran zufügen und alles einkochen lassen.

3 Sobald die Sauce sämig ist, Crème fraîche unterrühren und mit Salz und Pfeffer abschmecken. Kartoffelgnocchi zusammen mit der Sauce servieren.

Thailändisches Kokoshuhn

Zutaten
für 1 Person

- 120 g Backofen-Kartoffelbällchen
- 100 g Hühnerbrustfilet
- 1 EL Öl
- ½ Bd. Frühlingszwiebeln
- je ½ rote und grüne Paprika
- Currypulver
- 4 EL Hühnerbrühe
- 2 EL Kokosmilch aus der Dose
- 100 g Ananasstücke aus der Dose
- Sojasauce
- Tabasco
- ½ EL geröstete Kokosraspel

40 Minuten

1 Kartoffelbällchen nach Packungsangabe im vorgeheizten Backofen zubereiten.

2 In der Zwischenzeit Hühnerbrustfilet in schmale Streifen schneiden und im erhitzten Öl anbraten.

3 Gemüse putzen, Frühlingszwiebeln in Ringe, Paprika in Streifen schneiden. Zum Filet geben und kurz andünsten. Mit Currypulver bestäuben und mit Hühnerbrühe und Kokosmilch ablöschen. Ca. 10 Minuten köcheln lassen. Ananasstücke abtropfen lassen und unter das Hühnercurry geben. Weitere 5 Minuten köcheln lassen. Mit Sojasauce und Tabasco abschmecken. Hühnercurry mit Kokosraspel bestreut zu den Kartoffelbällchen servieren.

TIPP

Zur Verfeinerung der Sauce: etwas Ananassaft.

Fenchel-Käse-Gratin

Zutaten für 1 Person

- 60 g 10-Minuten-Patna-Spitzen-Langkorn-Reis
- 110 ml Tomatensaft
- 1 Fenchelknolle
- 1 kleine Zwiebel
- ½ Glas Gratin-Fix Käse & Kräuter (Fertigprodukt, à 380 g)

1 Reis bei milder Hitze 10 Minuten im Tomatensaft kochen.

2 Fenchel putzen, halbieren, Strunk entfernen, achteln und in kochendem Wasser ca. 1 Minute blanchieren. Zwiebel abziehen und in Scheiben schneiden.

3 Tomatenreis, Fenchel und Zwiebelringe in eine Auflaufform schichten. Gratin-Fix darüber verteilen und Auflauf im vorgeheizten Backofen bei 175 Grad ca. 25 Minuten überbacken.

40 Minuten

Müllerin's Seelachs

Zutaten
für 1 Person

- 2 mittelgroße Kartoffeln
- 100 g Kirschtomaten
- 40 g Feldsalat
- 1 dünne Scheibe durchwachsener Speck
- 1 Beutel fertiges Salatdressing »Essig und Öl«
- 1 tiefgefrorenes Fischfilet Müllerin Art

1 Kartoffeln waschen und mit Schale in reichlich Wasser ca. 20 Minuten kochen.

2 Tomaten waschen und halbieren. Feldsalat putzen.

3 Speck würfeln und in einer Pfanne knusprig braten.

4 Gekochte Kartoffeln pellen und in Scheiben schneiden. Kartoffelscheiben, Kirschtomaten und gebratenen Speck vorsichtig mit dem Feldsalat mischen. Mit Dressing begießen.

5 Fischfilet nach Packungsanweisung zubereiten und mit dem Salat anrichten.

30 Minuten

TIPP

Zum Fisch aus dem Meer passt der »Entre deux mers«, ein fruchtig leichter französischer Weißwein.

Beeren-schlemmerei

Zutaten für 1 Person

- 100 g tiefgefrorene Heidelbeeren
- Zucker nach Belieben
- 1 Aprikosenhälfte aus der Dose
- 80 g Sahne
- ½ Päckchen Vanillezucker
- 100 g Quark (Halbfettstufe)

20 Minuten

1 Heidelbeeren mit etwas Zucker und 1 EL Wasser aufkochen und 5 Minuten leise kochen lassen. Fein pürieren und kalt stellen. Aprikose in Scheiben schneiden.

2 Sahne mit Vanillezucker sehr steif schlagen. Quark nach Geschmack mit Zucker süßen, Sahne vorsichtig unterheben.

3 Quarkcreme und Heidelbeerpüree abwechselnd in Portionsglas schichten. Mit Aprikosen garnieren.

Cremige Versuchung

Zutaten für 1 Person

- 1 Becher Naturjogurt (125 g)
- 2 EL Zitronensaft
- Zucker
- 100 g Heidelbeeren
- 1 Kugel Vanilleeis
- 1 Kugel Heidelbeereis

1 Jogurt und Zitronensaft glatt rühren, mit Zucker abschmecken und auf einen Teller geben.

2 Heidelbeeren vorsichtig waschen, abtupfen und in die Jogurt-Sauce streuen. Je eine Kugel Vanille- und Heidelbeereis auf die Sauce setzen.

10 Minuten

TIPP

Schnell gezaubert: ein erfrischender Jogurt-Drink. Einfach alle Zutaten in den Mixer geben, auf höchster Stufe kurz mixen und in einen hohen Becher füllen.

Ananas-Quark-Wolke

Zutaten
für 1 Person

- 2 EL Ananasstücke aus der Dose
- 150 g Magerquark
- Honig, nach Geschmack
- etwas Minze
- 1 TL geröstete Sonnenblumenkerne

1 Ananasstücke gut abtropfen lassen.

2 Quark mit Honig und gehackter Minze verrühren. Ananaswürfel unter die Quarkcreme heben und mit Sonnenblumenkernen bestreuen.

10 Minuten

TIPP

Ganz besonders erfrischend schmeckt der Quark, wenn eine reife Babyananas verwendet wird. Die Ananas hat übrigens sehr wenig Kalorien. Nicht nur deshalb wird sie geschätzt, sie begünstigt auch die Eiweißverdauung.

Süße Kirsch-Pasta

Zutaten
für 1 Person

- ¼ l Milch
- 100 g breite Bandnudeln
- ½ Päckchen Vanille-Puddingpulver
- 1 EL Zucker
- ½ Glas Sauerkirschen (360 ml)
- 1 TL Zitronensaft
- 1 TL Speisestärke
- 10 g Walnusskerne
- Zitronenmelisse

30 Minuten

1 Milch aufkochen. Nudeln darin bei schwacher Hitze garen, ab und zu umrühren. Puddingpulver in etwas Wasser glatt rühren und die Nudeln damit binden. ½ EL Zucker einrühren.

2 Für das Kirschkompott Kirschen abtropfen lassen, Saft auffangen. Kirschsaft und Zitronensaft aufkochen. Speisestärke in etwas Wasser glatt rühren, in den Kirschsaft rühren und erneut aufkochen. Kirschen unterheben und in dem angedickten Saft erwärmen. Kompott mit restlichem Zucker abschmecken.

3 Kirschkompott und süße Nudeln nebeneinander auf Tellern anrichten. Walnusskerne über die Nudeln streuen und mit Zitronenmelisse verzieren.

Die schönsten Gerichte für zwei – da ist doch nichts dabei

Eismeer-Cocktail

Zutaten
für 2 Personen

- 100 g Reis aus dem Kochbeutel
- Salz
- 1 Packung tiefgefrorene Erbsen, extra zart (300 g)
- 1 Bd. Schnittlauch
- 1 kleiner Apfel
- ½ Becher Sahne (125 g)
- 2 TL Meerrettich (aus dem Glas)
- 2 EL Zitronensaft
- Pfeffer
- 1 Prise Zucker
- 150 g Tiefseekrabben

30 Minuten

1 Reis nach Packungsanweisung in Salzwasser garen, tiefgefrorene Erbsen ebenfalls laut Herstellerempfehlung zubereiten.

2 Schnittlauch in ca. 3 cm lange Stücke schneiden. Apfel schälen, vierteln, entkernen und in Stifte teilen.

3 Sahne, Meerrettich und Zitronensaft in eine Schüssel geben, leicht schaumig rühren und mit Salz, Pfeffer und Zucker abschmecken.

4 Krabben, Apfelstifte, Erbsen, Reis und Schnittlauch vermengen, die Meerrettich-Sauce darüber geben und vorsichtig umrühren.

Pfifferlingcreme mit Basilikum

Zutaten
für 2 Personen

- 1 Dose Pfifferlinge (300 g)
- 1 Zwiebel
- 125 g Kartoffeln
- 1 EL Butter oder Margarine
- ¼ l Brühe
- 1 Becher Sahne (250 g)
- 1–2 EL Sojasauce
- Pfeffer
- 1 EL trockener Sherry
- ½ Bd. Basilikum

30 Minuten

1 Pfifferlinge gut abtropfen lassen, größere Pilze zerschneiden. Zwiebel und Kartoffeln schälen und klein würfeln.

2 Fett in einem Topf zerlassen, Pilze darin kurz anbraten, herausnehmen und warm stellen. Zwiebel- und Kartoffelwürfel im selben Topf hell anschwitzen, mit Brühe und Sahne ablöschen und zugedeckt etwa 15 Minuten bei geringer Hitze köcheln lassen.

3 Pfifferlingcreme im Mixer oder mit dem Pürierstab im Topf glatt pürieren und schaumig aufschlagen. Erneut aufkochen und mit Sojasauce, Pfeffer und Sherry abschmecken. Pfifferlinge zur Suppe geben und kurz erhitzen. Mit Basilikum bestreut servieren.

TIPP

Aluminiumdosen gehören in den Gelben Sack oder die Gelbe Tonne – nur so kann etwas Neues daraus werden!

Scharfe Möhren in Tacos

Zutaten
für 2 Personen

- 1 Dose Möhren (400 g)
- 1 Knoblauchzehe
- 1 kleine Zwiebel
- 3 EL Öl
- 1 getrocknete Chilischote
- Zimt
- Salz
- Saft von ½ Zitrone
- 3 EL Hühnerbrühe
- 100 g Paprikasalami
- 2–3 Salbeiblätter
- 3 EL Crème fraîche
- 4 Taco Shells (Fertigprodukt)
- 100 g geriebener Emmentaler

35 Minuten

1 Möhren abtropfen lassen. Knoblauch und Zwiebel abziehen, fein würfeln und im Öl glasig braten. Möhren und gehackte Chilischote hinzugeben und dünsten. Mit Zimt, Salz und Zitronensaft würzen.

2 Hühnerbrühe aufgießen und bei sanfter Hitze und geschlossenem Deckel ca. 15 Minuten dünsten.

3 Wurst pellen und grob würfeln. Salbei putzen und in Streifen schneiden. Beides nach 10 Minuten Garzeit unter die Möhren mengen.

4 Crème fraîche unter das Möhrenragout ziehen, sämig einkochen lassen und pikant abschmecken.

5 Taco Shells nach Packungsanweisung erhitzen, mit dem Möhrenragout füllen und mit geriebenem Käse bestreuen.

Reis-Thunfisch-Salat

Zutaten für 2 Personen

- 100 g tiefgekühlte Erbsen
- Salz
- 120 g Reis
- 80 g Silberzwiebeln aus dem Glas
- 1 Dose Thunfisch, naturell (150 g)
- 3 EL Weißweinessig
- Pfeffer
- Zucker
- 1 EL Tomatenketschup
- 4 EL Öl
- ½ Bd. Schnittlauch

30 Minuten

1 Erbsen in gesalzenem Wasser ca. 5 Minuten garen, herausnehmen und abschrecken.

2 Reis in den Erbsensud geben und 15 Minuten kochen, in einem Sieb abtropfen und abkühlen lassen.

3 Erbsen mit Reis, abgetropften Silberzwiebeln und Thunfisch vorsichtig vermengen.

4 Essig mit Salz, Pfeffer, Zucker, Ketschup und Öl verrühren, den in Röllchen geschnittenen Schnittlauch hinzufügen. Salatsauce mit den übrigen Zutaten mischen.

TIPP

Für den Grünen Punkt auf der Verpackung zahlen Hersteller und Vertreiber ein Lizenzentgelt, mit dem das Sammel- und Sortiersystem für gebrauchte Verpackungen finanziert wird. Die Folge: Auf überflüssige Verpackungen wird verzichtet – weniger ist mehr!

Griechischer Bohnentopf

Zutaten für 2 Personen

- 1 mittelgroße Möhre
- 1 kleine Stange Lauch
- 1 Zwiebel
- 2 EL Speiseöl
- 200 g Hackfleisch
- 1 Dose weiße Bohnen (400 g)
- Salz
- Pfeffer
- Tabasco

35
Minuten

1 Gemüse putzen, Möhre in dünne Scheiben, Lauch in Streifen schneiden. In wenig Wasser ca. 10 Minuten garen.

2 Zwiebel abziehen, fein würfeln und im Öl andünsten. Hackfleisch zu den glasig gebratenen Zwiebeln geben.

3 Hackfleisch und Bohnen samt Flüssigkeit zum Gemüse geben; aufkochen lassen. Nach Bedarf etwas Wasser hinzufügen und Bohnensuppe mit Salz, Pfeffer und Tabasco abschmecken.

TIPP

Eine besondere Note: Hackfleisch vom Lamm!

Bunter Salat mit Fischstäbchen

Zutaten für 2 Personen

- 100 g Langkorn- und Wildreismischung
- 250 g tiefgefrorenes Mexiko-Gemüse
- Salz
- 4 EL Speiseöl
- 6 tiefgefrorene Fischstäbchen
- 1 Knoblauchzehe
- 1 EL Essig
- 1 EL Tomatenketschup
- 1 Prise Zucker
- 1 EL tiefgefrorene gemischte Kräuter
- Pfeffer

30 Minuten

1. Reis nach Packungsanweisung zubereiten und zur Weiterverarbeitung abkühlen lassen.

2. Mexiko-Gemüse in kochendem Salzwasser bissfest garen, abgießen und abkühlen lassen.

3. 3 EL Öl erhitzen, Fischstäbchen darin von jeder Seite 5 Minuten anbraten und in Stücke schneiden.

4. Knoblauchzehe abziehen, würfeln, mit restlichem Öl, Essig, Ketschup, Zucker und Kräutern vermischen und mit Salz und Pfeffer würzen. Reis, Gemüse und Dressing vermengen und Fischstäbchen vorsichtig unterheben.

TIPP

Dazu schmeckt ein Glas kräftig gewürzter Tomatensaft mit einem Spritzer Zitronensaft.

Smørrebrød mit Fisch

Zutaten für 2 Personen

- Salatblätter (Frisée, Eichblatt, Lollo Rosso)
- Butter oder Margarine zum Bestreichen

Für das Matjesröllchenbrot:

- 1 Ei
- 2 Scheiben Graubrot
- 1 Dose Heringsfiletröllchen in Remoulade (125 g)

Für das Spargelbrot:

- 100 g Spargel aus dem Glas
- ½ Kästchen Kresse
- 4 Scheiben Stangenweißbrot
- 1 Dose Heringsfiletröllchen in Kräutersauce (125 g)

Für das Lachsbrot:

- 2 Scheiben Mischbrot
- 1 Dose Lachs in Senf-Dill-Sauce (125 g)
- 1 Scheibe Pumpernickel
- 1 Scheibe Gouda

30 Minuten

1 Salatblätter waschen und trockentupfen. Für das Matjesröllchenbrot Ei hart kochen, abschrecken, pellen, abkühlen lassen und in Scheiben schneiden. Graubrotscheiben mit Butter oder Margarine bestreichen, halbieren, mit Salatblättern und Eischeiben belegen. Die Fischröllchen darauf arrangieren.

2 Für das Spargelbrot Spargel abtropfen lassen und in mundgerechte Stücke schneiden. Kresse abschneiden. Brotscheiben mit Butter oder Margarine bestreichen und mit Salatblättern, Spargel, Kräuterröllchen und Kresse belegen.

3 Für das Lachsbrot Brotscheiben mit Butter oder Margarine bestreichen, daraus Kreise ausstechen, mit Salatblättern belegen und Lachs darauf verteilen. Aus Pumpernickel- und Käsescheibe Kleeblätter oder andere Formen ausstechen und Brote damit verzieren.

Caribbean Pineapple

Zutaten
für 2 Personen

- ½ Ananas
- 2 Scheiben Vollkorntoast
- 2 Scheiben Gouda
- Currypulver
- 2 Blätter Friséesalat
- ½ Topf Fertig-Putensalat (100 g)
- ½ Topf Fertig-Krabbensalat (100 g)
- Kirschtomaten

20 Minuten

1 Die halbe Ananas längs vierteln, Fruchtfleisch herausschneiden und würfeln.

2 Toastscheiben mit Gouda-Käse belegen, mit Currypulver bestreuen und im heißen Backofen überbacken, bis der Käse geschmolzen ist. Überbackene Brotscheiben diagonal halbieren.

3 Salatblätter auf die Ananasviertel legen, Puten- und Krabbensalat darauf verteilen und mit Ananaswürfeln und Kirschtomaten garnieren. Zusammen mit den Toastecken servieren.

TIPP

Werden die Ananasviertel mit etwas weißem Rum beträufelt, bekommt das Ganze einen typischen karibischen »Flavour«.

Lasagne al tonno

Zutaten
für 2 Personen

- 150 g Frühlingszwiebeln
- 1 Dose Thunfisch, naturell (150 g)
- 1 Dose weiße Bohnen (Abtropfgewicht 250 g)
- 1 Packung Tomatenstücke mit Kräutern
- 1 Knoblauchzehe
- Salz
- Pfeffer
- Butter für die Form
- 2 Packungen Béchamelsauce (gebrauchsfertig, à 250 ml)
- 9 Lasagneblätter (ohne Vorkochen)
- 50 g geriebener Parmesan

45 Minuten

1 Frühlingszwiebeln putzen, waschen und in Ringe schneiden. Thunfisch und weiße Bohnen abtropfen lassen und mit den Zwiebelringen vermischen. Tomatenstücke unterrühren. Mit zerdrückter Knoblauchzehe, Salz und Pfeffer nach Belieben abschmecken.

2 Auflaufform mit Butter einfetten. Abwechselnd Béchamelsauce, Lasagneblätter und die Thunfisch-Bohnen-Füllung einschichten. Mit Béchamelsauce abschließen und mit Parmesan bestreuen.

3 Lasagne im vorgeheizten Backofen bei 200 Grad ca. 30 Minuten backen.

Überbackener Spinat mit Schwarzwurzeln

Zutaten
für 2 Personen

- ½ Beutel tiefgefrorene Schwarzwurzeln (500 g)
- Salz
- 2 EL Zitronensaft
- 1 TL Butter oder Margarine
- ½ Packung tiefgefrorener Blattspinat (225 g)
- Kräutersalz
- Pfeffer
- Muskat
- ½ Becher Crème fraîche (75 g)
- ⅛ l Gemüsebrühe
- 1 Ei
- 50 g Gouda
- 1–2 EL Sesamsamen

1 Schwarzwurzeln unaufgetaut in kochendes Salzwasser mit 1 EL Zitronensaft geben. Erneut aufkochen lassen und 6 Minuten im offenen Topf garen. Wurzeln abtropfen lassen, eine Auflaufform mit Butter oder Margarine fetten und Schwarzwurzeln hineingeben.

2 Blattspinat in wenig Wasser bei mittlerer Hitze auftauen lassen, mit Kräutersalz, Pfeffer und Muskat würzen und über die Schwarzwurzeln verteilen.

3 Crème fraîche, Gemüsebrühe, Ei und restlichen Zitronensaft verrühren und über Spinat und Schwarzwurzeln gießen. Gouda reiben, mit Sesamsamen mischen und über den Auflauf streuen.

4 Auflauf im vorgeheizten Backofen bei 200 Grad ca. 20 Minuten knusprig braun backen.

45 Minuten

TIPP

Kunststofffolien, -flaschen oder -becher, Gemüseschalen oder Einweggeschirr aus Kunststoff gehören in die Gelbe Tonne oder den Gelben Sack, den gibt's übrigens im Miniaturformat auch für unterwegs.

Mais-Tortillas mit Filet

Zutaten
für 2 Personen

- 4 EL Speiseöl
- 3 EL Teriyaki-Marinade
- schwarzer Pfeffer
- 300 g Schweinefilet
- 1 Dose Mais (300 g)
- 1 EL Tomatenketschup
- 1 EL Crème fraîche
- 1 EL Apfelmus
- Salz
- Chilipulver
- ½ Bd. Schnittlauch
- 1 Ei
- 1–2 EL Maisgrieß

40
Minuten

1 1 EL Öl, Teriyaki-Marinade und etwas Pfeffer verrühren. Filet waschen, trockentupfen, in dünne Scheiben schneiden und in der Marinade einlegen. Mais abtropfen lassen und ein Drittel pürieren.

2 Für den Dip Ketschup mit Crème fraîche, Apfelmus und 1 EL Maiskörner vermischen, mit Salz, Pfeffer und Chilipulver pikant-scharf abschmecken.

3 Für die Tortillas Schnittlauch zerschneiden. Ei verquirlen, Maispüree, Maiskörner, Schnittlauch hinzufügen, Maisgrieß einrühren, mit Salz und Pfeffer würzen.

4 Restliches Öl in zwei Pfannen erhitzen, in einer die Maisplätzchen und in der anderen die Filetscheiben braten. Tortillas mit den Filetstücken und dem Dip servieren und nach Wunsch mit Schnittlauch garnieren.

Lammkoteletts zu Kartoffelgemüse

Zutaten
für 2 Personen

- 75 g Salatgurke
- 150 g Crème fraiche oder Jogurt
- 1 Knoblauchzehe
- Salz
- Limettensaft
- 1 Packung Kartoffel-Gemüse-Pfanne im Frische-Pack
- 4 Lammkoteletts (à 80 g)
- Paprikapulver
- Pfeffer
- Knoblauchpulver
- Senf
- 2–3 EL Keimöl

40 Minuten

1 Salatgurke schälen, halbieren und Kerne mit einem Teelöffel herauslösen, Gurke raspeln. Crème fraîche mit durchgepresster Knoblauchzehe und Salz verrühren. Geraspelte Gurke darunter mischen und mit Limettensaft abschmecken.

2 Inhalt der Kartoffel-Gemüse-Pfanne durch vorsichtiges Drücken mit beiden Händen etwas auflockern und in eine beschichtete, mittelgroße Pfanne geben. Alles gleichmäßig verteilen und ohne Fettzugabe bei starker Hitze ca. 5 Minuten anbraten. Dann Hitze leicht zurückschalten und das Kartoffelgemüse in weiteren 10 Minuten goldbraun braten. Zwischendurch ein- bis zweimal wenden.

3 Lammkoteletts mit Paprika, Pfeffer, Salz und Knoblauchpulver bestreuen und mit Senf bestreichen. In heißem Keimöl von beiden Seiten 3–4 Minuten braten.

4 Lammkoteletts mit Kartoffelgemüse auf vorgewärmten Tellern anrichten. Den Gurken-Dip separat dazureichen.

Gratin aux carottes

Zutaten
für 2 Personen

- 2 Zwiebeln
- 100 g magerer Schinkenspeck
- 1 EL Speiseöl
- 2 Becher saure Sahne (à 150 g)
- 4 EL frisch geriebener Parmesan
- 2 EL gehackte Petersilie (aus der Tiefkühlpackung)
- Salz
- weißer Pfeffer
- 800 g tiefgefrorene Möhren
- 2 EL gehackte Pistazien

40 Minuten

1 Zwiebeln abziehen und fein würfeln. Schinkenspeck in schmale Streifen schneiden. Öl erhitzen, Zwiebeln und Schinkenspeck darin andünsten.

2 Saure Sahne mit Parmesan, Petersilie, Zwiebeln und Schinken mischen und mit Salz und Pfeffer abschmecken.

3 Die Hälfte der Möhren in eine Auflaufform geben und die Hälfte der Saure-Sahne-Mischung darüber verteilen. Als nächste Schicht folgen die restlichen Möhren, mit der restlichen Saure-Sahne-Mischung abschließen.

4 Gratin mit Pistazien bestreuen und im vorgeheizten Backofen bei 200 Grad in ca. 20 Minuten goldbraun backen.

Kartoffelkuchen mit Champignons

Zutaten
für 2 Personen

- Butter für die Form
- 1 Packung Rösti-Pfanne im Frische-Pack
- 500 g Champignons
- 1 Zwiebel
- 50 g durchwachsener Speck
- 1 Bd. Petersilie
- 1 Knoblauchzehe
- 3 EL Speiseöl
- Saft von 1 Zitrone
- Pfeffer
- 100 g geriebener Emmentaler

45 Minuten

1 Eine kleine, runde Auflaufform mit Butter einfetten. Die Hälfte der Rösti-Masse aus der Packung nehmen und in der Form gleichmäßig verteilen, Masse leicht andrücken.

2 Champignons säubern und in Scheiben schneiden. Zwiebel abziehen und fein hacken. Speck würfeln. Petersilie hacken. Knoblauch abziehen und fein würfeln.

3 Zwiebeln und Speck in 1 EL Öl glasig dünsten, Champignons dazugeben, garen, mit Zitronensaft beträufeln und mit Pfeffer abschmecken.

4 Champignonmasse zum Rösti in die Auflaufform geben, verteilen, Petersilie und Knoblauch darüber streuen. Restliches Rösti gleichmäßig über die Pilze geben und leicht andrücken. Mit restlichem Öl beträufeln und mit Käse bestreuen. 30 Minuten im vorgeheizten Backofen bei 200 Grad goldbraun backen.

TIPP

Wer Zeit sparen möchte, nimmt geschnittene Champignons aus der Dose.

Spanische Putenröllchen

Zutaten
für 2 Personen

- 2 Putenschnitzel (à 125 g)
- 2 kleine Scheiben roher Schinken
- 2 frische Salbeiblätter
- Pfeffer
- 1 EL Butter
- 3 cl Sherry
- ½ Becher Sahne (100 g)
- ½ Becher Crème fraîche (ca. 60 g)
- ½ Beutel tiefgefrorene feine Stangenbohnen (375 g)
- Salz
- ½ Bd. frischer Thymian
- 1 TL mittelscharfer Senf

1 Putenschnitzel mit Schinken und Salbei belegen, mit Pfeffer würzen, aufrollen und mit einer Rouladennadel oder einem Holzspieß feststecken. Butter erhitzen und Putenröllchen darin rundherum braun anbraten. Mit Sherry ablöschen, Sahne und Crème fraîche zugießen und alles in der geschlossenen Pfanne ca. 10 Minuten schmoren.

2 In der Zwischenzeit Stangenbohnen unaufgetaut in kochendem Salzwasser ca. 15 Minuten garen.

3 Putenröllchen aus der Pfanne nehmen und warm stellen. Thymian von den Stielen zupfen und etwas hacken. Sauce mit Senf, Thymian, Salz und Pfeffer abschmecken.

4 Stangenbohnen über einem Sieb abgießen, abtropfen lassen und zusammen mit den Putenröllchen und der Thymian-Senf-Sauce auf Tellern anrichten. Dazu schmeckt kräftiges Bauernbrot.

TIPP

Zum Warmstellen der Putenröllchen eignet sich ein auf 70 Grad vorgeheizter Backofen. Die Energie kann bestens ausgenutzt werden, gibt man die Teller zum Aufwärmen gleich mit ins »Rohr«.

30 Minuten

Gefüllte Tortellini-Tomaten

Zutaten für 2 Personen

- ½ Packung Tortellini mit Pilzen (300 g)
- 100 g herzhafter Schnittkäse
- 4 Fleischtomaten
- Kräutersalz
- Pfeffer
- Speiseöl für die Form

25 Minuten

1 Tortellini nach Packungsanweisung zubereiten.

2 Käse raspeln. Tomaten waschen und einen Deckel abschneiden. Tomaten aushöhlen, mit Kräutersalz und Pfeffer würzen und mit Tortellini füllen.

3 Tomaten mit Käseraspel bestreuen und in eine geölte Auflaufform setzen. Im vorgeheizten Backofen bei 200 Grad ca. 10–15 Minuten gratinieren.

TIPP

Abfall vermeiden ist der beste Weg zum Umweltschutz! Das Rezept dazu: Nutzen Sie Mehrwegsysteme, verwenden Sie Stofftaschen oder Körbe und transportieren Sie Ihre Verpflegung für unterwegs in wiederverwendbaren Frischhalteboxen.

Steaks in scharfer Begleitung

Zutaten
für 2 Personen

- ½ Beutel scharf gewürzte Backofen-Pommes-frites (450 g)
- 1 Zwiebel
- 1 rote und 1 grüne Paprikaschote
- 30 g Butter
- 150 g tiefgefrorene dicke Bohnen
- Pfeffer
- Salz
- 1 Tomate
- 2 Filetsteaks à 150 g
- 1 Knoblauchzehe
- 2 EL Öl

30 Minuten

1 Pommes frites nach Packungsanleitung im vorgeheizten Backofen zubereiten.

2 In der Zwischenzeit Zwiebel abziehen, in Ringe schneiden, Paprika putzen und in Streifen schneiden. Butter in einem Topf zerlassen, Zwiebelringe, Paprikastreifen und dicke Bohnen dazugeben, mit Pfeffer und Salz würzen und 10 Minuten dünsten. Tomate vom Stilansatz befreien, vierteln, zum restlichen Gemüse geben und ca. 5 Minuten schmoren lassen.

3 Die Steaks mit der Knoblauchzehe einreiben, salzen, pfeffern und in heißem Öl kurz braten. Gemüse über die Steaks geben und sofort mit den Pommes frites servieren.

Mexiko-Pfanne

Zutaten
für 2 Personen

- je 1 grüne und rote Paprikaschote
- 2 Tomaten
- 1 Gemüsezwiebel
- 1 Knoblauchzehe
- 1 kleine Dose Mais (150 g)
- 1 kleine Dose grüne Bohnen (200 g)
- 1 kleine Dose Kidneybohnen (200 g)
- 2 EL Öl
- Salz
- Cayennepfeffer
- Paprikapulver
- ½ Beutel Backofen-Pommes-frites mit Chili-Dip (450 g)
- 1 EL Petersilie

1 Paprikaschoten und Tomaten putzen. Paprikaschoten in Streifen und Tomaten in Stücke schneiden. Zwiebel und Knoblauchzehe abziehen und würfeln. Mais, grüne Bohnen und Kidneybohnen gut abtropfen lassen.

2 Öl in einer Pfanne erhitzen, Zwiebel und Knoblauch andünsten. Restliche vorbereitete Zutaten dazugeben, pikant würzen und ca. 10 Minuten garen. Zwischendurch das Gemüse wenden.

3 In der Zwischenzeit gewürzte Pommes frites nach Packungsanweisung im vorgeheizten Backofen zubereiten. Mexiko-Pfanne mit Petersilie bestreut auf Teller anrichten und mit Pommes frites servieren.

40
Minuten

Feigen-Panna-cotta

10 Minuten

Zutaten
für 2 Personen

- 1 Packung Panna cotta (Fertigprodukt)
- 1 Becher Sahne (250 g)
- ¼ l Milch
- 4 frische Feigen
- Minzblättchen

1 Panna cotta nach Packungsanweisung mit Sahne und Milch verquirlen, kühl stellen.

2 Die Feigen in Spalten schneiden und auf Dessertteller arrangieren.

3 Mit zwei Löffeln aus der erstarrten Panna cotta Nocken formen und zu den Feigenspalten legen. Mit Minzblättchen dekorieren.

TIPP

Wussten Sie, dass der Feigenbaum in Nordafrika seit über 5000 Jahren als Glücks- und Wohlstandsbringer geschätzt wird?

Schwarzwälder Kirschgrütze

Zutaten
für 2 Personen

- ½ Glas Sauerkirschen (ca. 350 g)
- 1 TL Speisestärke
- 1 EL Preiselbeeren
- 1 EL Zucker
- 1 Msp. gemahlener Zimt
- ½ Becher Sahne (100 g)
- 1 Päckchen Vanillezucker
- 1 Packung Reistaler mit Schokoladengeschmack (60 g)

20 Minuten

1 Kirschen in einem Sieb abtropfen lassen, Saft auffangen und zum Kochen bringen. Speisestärke mit etwas kaltem Wasser anrühren, zum Kirschsaft geben und kurz aufkochen lassen.

2 Kirschen zum eingedickten Saft hinzugeben, mit Preiselbeeren, Zucker und etwas Zimt verrühren, in Glasschälchen füllen und abkühlen lassen.

3 Sahne mit Vanillezucker steif schlagen. Abgekühlte Schwarzwälder Kirschgrütze mit Sahnetupfen und Reistalern dekorieren.

Pfirsich-Pistazien-Jogurt

Zutaten
für 2 Personen

- 2 Pfirsichhälften aus der Dose
- 1 Becher Jogurt (250 g)
- 2 TL Zitronensaft
- 2 EL Ahornsirup
- 1 Packung Reistaler mit Apfel-Zimt-Geschmack (60 g)
- 1 TL gehackte Pistazien
- Zitronenmelisse

10 Minuten

1 Pfirsiche in Scheiben schneiden. Jogurt mit Zitronensaft und Ahornsirup glatt rühren und die Pfirsichscheiben untermengen.

2 Fruchtjogurt in Schälchen füllen und mit einigen Reistalern garnieren. Nach Belieben mit gehackten Pistazien und Zitronenmelisse dekorieren. Restliche Reistaler zum Dessert dazureichen.

TIPP

Wer nicht nur schlemmen, sondern auch etwas für seine Gesundheit tun möchte, der greife zu Naturjogurt mit lebenden Milchsäurekulturen. So werden Stoffwechsel und Abwehrkräfte aktiviert.

Frucht-Ricotta

Zutaten
für 2 Personen

- 125 g tiefgefrorene Beerenfrüchte
- 1 TL Honig
- Saft von 1 Limette
- 200 g Ricotta
- 50 g gehackte Pistazien

15
Minuten

1. Beerenfrüchte vor Gebrauch auftauen lassen.

2. Honig mit Limettensaft und Ricotta verrühren.

3. Ricottacreme in die Mitte einer Glasschale geben, mit den Beerenfrüchten umlegen und mit gehackten Pistazien bestreuen.

TIPP

Kartons aus mehreren Materialien, z.B. für Tiefkühlkost, bitte ungespült, aber leer in der Gelben Tonne oder dem Gelben Sack entsorgen.

Walnusstraum

Zutaten für 2 Personen

- 2 frische Datteln
- 10 ml Weinbrand
- 2 Kugeln Vanilleeis
- 3 EL Sanddornsirup
- 4 Kugeln Walnusseis

15 Minuten

1 Datteln halbieren, entsteinen, mit dem Weinbrand beträufeln und ziehen lassen.

2 Zwei Kugeln Vanilleeis einige Minuten bei Raumtemperatur schmelzen lassen. Mit 2 EL Sanddornsirup zu einer Sauce glatt rühren und die Sauce auf zwei Teller verteilen. Restlichen Sanddornsirup kreisförmig in die Sauce tropfen lassen und mit einem Löffelstiel aus dem Tropfen ein Muster ziehen.

3 Auf den Tellerrand je zwei Dattelhälften und pro Teller zwei Kugeln Walnusseis anrichten.

Biskuitröllchen auf Zitronenschaum

Zutaten
für 2 Personen

- ½ Packung tiefgefrorene Zitronenrollen (8 Stück)
- ½ Päckchen Saucenpulver mit Vanillegeschmack
- 30 g Zucker
- 2 Eier
- 1–2 EL frisch gepresster Zitronensaft
- 20 g gehackte Pistazien
- feine Streifen einer unbehandelten Zitronenschale

15 Minuten

1 Zitronenrollen nach Packungsanweisung auftauen lassen.

2 Für den Zitronenschaum Saucenpulver, Zucker, Eier und 100 ml Wasser vermengen. In ein Wasserbad geben und die Zutaten mit dem Schneebesen schaumig schlagen, bis eine dickliche Masse entstanden ist – nicht kochen lassen! Zuletzt Zitronensaft unterrühren.

3 Zitronenschaum auf Tellern verteilen, mit Pistazien und Zitronenschale belegen. Zitronenrollen daneben setzen.

TIPP

Wurden die Zitronenröllchen nicht frühzeitig zum Auftauen herausgelegt, gibt man sie kurz in die Mikrowelle oder isst sie – auch köstlich – leicht geeist.

Für die kleine Pause – vom Snack zur Jause

Für die kleine Pause

Acapulco-Salat mit Nudeln

Zutaten für 4 Personen

- 2 Gläser mexikanische Salatmischung (Fertigprodukt à 530 g)
- 200 g Hörnchennudeln
- 300 g Salami
- 2 Zwiebeln
- 4 EL Gewürzketschup
- 2 EL Crème fraîche
- Salz
- Pfeffer
- Zucker
- etwas Zitronensaft
- 4 Salatblätter

20 Minuten

1 Mexikanische Salatmischung auf einem Sieb gut abtropfen lassen. Nudeln nach Packungsanweisung zubereiten, abgießen und abtropfen lassen. Salami in dünne Scheiben schneiden und danach vierteln. Zwiebeln abziehen und fein würfeln.

2 Für das Dressing Ketschup mit Crème fraîche verrühren, mit den Gewürzen und Zitronensaft abschmecken.

3 Alle Salatzutaten mischen, auf Teller verteilen und das Dressing in Salatblätter gefüllt dazureichen.

Antipasti Carciofi

Zutaten für 4 Personen

- 2 Dosen Artischockenherzen (à 400 g)
- 2 Dosen Tomatenstücke (à 400 g)
- Salz
- 2 Msp. Senf
- 3 EL Weißweinessig
- 3 EL Olivenöl
- 1 Schalotte
- 2 TL gehackte Petersilie
- Pfeffer

15 Minuten

1 Artischockenherzen und Tomatenstücke gut abtropfen lassen. Artischockenherzen halbieren und in einer Auflaufform anrichten.

2 Salz, Senf und Essig so lange verrühren, bis sich das Salz vollständig gelöst hat. Zuletzt das Öl unterschlagen. Schalotte abziehen und in Würfel schneiden. Tomaten, Schalottenwürfel sowie Petersilie untermengen.

3 Marinade über die Artischockenherzen verteilen und mit Pfeffer überstäuben.

TIPP

Besonders erfrischend an heißen Sommertagen – schmecken die Antipasti zusammen mit einem kühlen, erfrischenden Glas Prosecco.

Lachs-Sandwich

Zutaten für 4 Personen

- 4 Scheiben geräucherter Lachs (abgepackt)
- weißer Pfeffer
- 8 Scheiben Toastbrot
- 150 g fertiger Gurken-Möhren-Brotaufstrich aus dem Glas
- 4 Kopfsalatblätter
- 1 rote Zwiebel
- 1 Bd. Dill

20 Minuten

1 Lachsscheiben auf einer Seite leicht pfeffern. Toastscheiben entrinden und mit dem Brotaufstrich bestreichen. Die Hälfte der Toastscheiben mit je einem Salatblatt und einer Scheibe Lachs belegen.

2 Zwiebel abziehen und in Ringe schneiden. Dill waschen, trockentupfen und abzupfen. Dillzweige und Zwiebelringe auf dem Lachs verteilen, mit den restlichen vier Toastscheiben abdecken, andrücken und diagonal durchschneiden.

TIPP

Entsorgen Sie Altglas im Altglascontainer. Denken Sie daran, die Farben zu trennen – nur dann kann es verwertet werden. Übrigens: blaue Flaschen gehören zum Grünglas.

Camembert-Schnittchen mit Champignons

Zutaten für 4 Personen

- 1 Zwiebel
- 100 g durchwachsener Speck
- 2 EL Öl
- 250 g Champignons
- 4 Scheiben abgepacktes Graubrot
- 2 Schachteln Camembert
- Salz, Pfeffer

30 Minuten

1. Zwiebel abziehen, fein würfeln und zusammen mit dem in Streifen geschnittenen Speck im Öl kurz anbraten.

2. Champignons putzen, in feine Scheiben schneiden und zum Speck geben. Bei starker Hitze so lange dünsten, bis keine Flüssigkeit mehr vorhanden ist.

3. Graubrotscheiben toasten und halbieren. Gedünstete Champignons auf Brotscheiben verteilen.

4. Camembert in Scheiben schneiden und Brot damit belegen. Mit Salz und Pfeffer würzen.

5. Brote auf einem Backblech verteilen und im vorgeheizten Backofen ca. 8 Minuten bei 225 Grad überbacken.

Gurken-Tomaten-Ratatouille

Zutaten
für 4 Personen

- 3 Salatgurken
- 2 EL Öl
- 1 Dose Tomatenstücke (400 g)
- 1 Packung Delikatess-Sauce zum Braten
- 400 g saure Sahne
- Salz
- Pfeffer
- etwas gehackter Dill

20
Minuten

1 Gurken schälen, der Länge nach halbieren und Kerne mit einem Teelöffel entfernen. Gurke in 1 cm dicke Stücke schneiden.

2 Öl in einer Pfanne erhitzen, Gurken- und Tomatenstücke hinzugeben und 5 Minuten schmoren. Die Sauce nach Packungsanweisung anrühren und zu den Gurken geben. Saure Sahne hinzufügen und alles einmal aufkochen lassen. Gurkenragout mit Salz und Pfeffer würzen, Dill unterrühren und servieren.

TIPP

Bei der Aufbewahrung von Gurken sollten keine Tomaten in der Nähe sein. Da Tomaten Ethylen ausscheiden, werden Gurken, die in unmittelbarer Nähe liegen, schnell gelb.

Hühnchentopf an Buttergemüse

Zutaten
für 4 Personen

- 1 Dose Champignon-cremesuppe, konzentriert
- 600 g Hühner-brustfilet
- Salz
- 250 g tief-gefrorenes Buttergemüse
- 4 EL Sherry
- 1 EL gehackte Petersilie

20 Minuten

1 Champignoncremesuppe mit 1 Dose Wasser glatt rühren und Suppe erhitzen.

2 Fleisch salzen, in Würfel schneiden und mit dem Buttergemüse der Suppe zufügen. Ca. 12 Minuten gar ziehen lassen. Den Geflügeltopf mit Sherry abrunden und Petersilie unterrühren. Dazu passt Reis (aus dem Kochbeutel).

TIPP

Nach Lust und Laune kann das Geflügelgericht mit den verschiedensten Gemüsesorten variiert werden. Wie wäre es zum Beispiel mit Mais, Zuckerschoten, Möhren oder Erbsen?

Ragout fin

Zutaten
für 4 Personen

- 8 Blätterteigpasteten
- 1 Dose Spargelcremesuppe, konzentriert
- 500 g Putenbrustfilet
- 200 g Champignons
- 50 ml weißer Portwein
- Salz
- Pfeffer
- 2 EL Crème fraîche

20 Minuten

1 Blätterteigpasteten nach Packungsanweisung aufbacken.

2 Suppe mit 1 Dose Wasser glatt rühren und erhitzen. Fleisch würfeln, zur Suppe geben und 10 Minuten gar ziehen lassen.

3 Pilze putzen, halbieren, zum Fleisch geben und weitere 2 Minuten garen. Ragout mit Portwein, Salz und Pfeffer abschmecken und Crème fraîche unterrühren.

4 Ragout fin in den aufgebackenen Pasteten anrichten.

TIPP

Wer Angst vor »nackten« Tellern hat, sollte für eine schmückende Dekoration stets ein paar Salatblätter im Kühlschrank haben.

Heiße Ananas süß-sauer

Zutaten für 4 Personen

- 300 g Ananasstücke aus der Dose
- 40 g Margarine
- 2 EL Honig
- 2 EL Speisestärke
- 2 Dosen Chinesische Hühnersuppe
- Sojasauce
- Kroepoek-Chips

15 Minuten

1 Ananasstücke gut abtropfen lassen und im heißen Fett andünsten. Honig hinzufügen und kurz aufkochen lassen.

2 Speisestärke mit der Hühnersuppe verrühren, zur Ananas gießen und alles nochmals aufkochen lassen. Mit Sojasauce nach Belieben abschmecken. Kroepoek-Chips dazureichen.

Chicorée-Birnen-Gratin

Zutaten
für 4 Personen

- 5 Stauden Chicorée
- 1 Dose halbe Birnen
- 3 EL Sahne
- 1 Beutel Fix für Spaghetti Gorgonzola
- 3 EL gehackte Walnüsse

40 Minuten

1 Vom Chicorée die Blätter lösen, waschen und in Wasser 5 Minuten blanchieren. Blätter in einer flachen Auflaufform verteilen. Birnen abtropfen lassen und Saft auffangen. Birnenhälften der Länge nach halbieren und auf dem Chicorée verteilen.

2 Birnensaft zusammen mit der Sahne erwärmen. Fix für Spaghetti Gorgonzola einrühren, zum Kochen bringen und über das Gratin gießen. Mit Walnüssen bestreuen und im vorgeheizten Backofen bei 180 Grad ca. 20 Minuten backen.

Bayerische Aprikosen blau-weiß

Zutaten
für 4 Personen

- 2 Dosen Aprikosen (à 420 g)
- 3 EL Puderzucker
- 1 Gläschen Kirschwasser
- 150 g Weichkäse mit Blauschimmel
- 3 EL Sahne
- Melisse zum Dekorieren

30 Minuten

1 Aprikosen abtropfen lassen und mit der Schnittfläche nach oben auf ein Backblech setzen. Mit Puderzucker bestäuben und mit Kirschwasser benetzen.

2 Aprikosen 15–20 Minuten im vorgeheizten Backofen bei 200 Grad bräunen.

3 In der Zwischenzeit den klein geschnittenen Käse mit der Sahne schaumig rühren. Aprikosen aus dem Ofen nehmen und mit der Käsesahne füllen. Mit Melissenblättchen dekorieren und servieren.

TIPP

Bayerische Aprikosen schmecken zu gebuttertem Toastbrot.

Frühlingsrollen mit süßer Pflaumensauce

Zutaten
für 4 Personen

- 1 Beutel Backofen-Pommes-frites (450 g)
- 4 tiefgefrorene Frühlingsrollen
- 250 g gelbe, reife Pflaumen
- 10 g frischer Ingwer
- 1 Knoblauchzehe
- 3 EL brauner Zucker
- 2 EL asiatische Fischsauce (Fertigprodukt)
- 1 TL Garnelenpaste
- 1 rote Chilischote

30 Minuten

1 Pommes frites und Frühlingsrollen nach Packungsanweisungen zubereiten.

2 Pflaumen waschen und entsteinen. Ingwer schälen, Knoblauch abziehen und beides fein hacken. Pflaumen, Ingwer, Knoblauch und Zucker zusammen mit $^1/_2$ Tasse Wasser so lange köcheln, bis die Früchte zerfallen. Mit der asiatischen Fischsauce und Garnelenpaste würzen. Chilischoten waschen, putzen, fein würfeln und etwa 5 Minuten in der Pflaumensauce mitgaren.

3 Pommes frites und je eine Frühlingsrolle auf Teller anrichten und die Sauce warm dazu servieren.

Tomati Marinati aus dem Ofen

Zutaten
für 4 Personen

- 400 g Blattspinat
- 1 Knoblauchzehe
- 3 EL Olivenöl
- 600 g Flaschentomaten
- 2 Packungen Mozzarella (à 200 g)
- 2 EL Pinienkerne
- 1 EL Balsamico-Essig
- Salz
- Pfeffer
- 1 Beutel Backofen-Pommes-frites (450 g)
- 1 Bd. frisches Basilikum

30 Minuten

1 Spinat waschen, verlesen und kurz blanchieren. Knoblauch abziehen, zerdrücken und mit Spinat in 1 EL erhitztem Öl kurz andünsten.

2 Flaschentomaten waschen, Stielansätze entfernen und mit Mozzarella in Scheiben schneiden. Tomaten und Mozzarella abwechselnd schräg auf ein Backblech legen, Spinat stellenweise darauf verteilen und mit Pinienkernen bestreuen. Für die Marinade restliches Olivenöl mit Balsamico-Essig verrühren, mit Salz und Pfeffer würzen, über das belegte Backblech träufeln und ca. 10 Minuten ziehen lassen.

3 Pommes frites nach Packungsanweisung im Backofen zubereiten. 10 Minuten vor Ende der Garzeit das marinierte Gemüse mit Mozzarella in den Backofen schieben. In der Zwischenzeit Basilikum waschen und Blättchen abzupfen, auf dem Gemüse arrangieren und mit Pommes frites auf Teller servieren.

TIPP

Wussten Sie eigentlich schon, dass Backofen-Pommes-frites reich an Vitaminen und Mineralien sind? 150 g decken den Tagesbedarf an Vitamin B 1 ab und dazu noch 60 % des Vitamin-C-Bedarfs.

Kommt beim Besuch gut an – ganz spontan

Kommt beim Besuch gut an

Zitronensuppe mit Huhn

Zutaten für 4 Personen

- 1 Dose Hühnersuppe, konzentriert
- 1 unbehandelte Zitrone
- 6 EL Sahne
- 2 Eigelb
- 1 TL Curry
- ½ Bd. Zitronenmelisse

15 Minuten

1 Hühnersuppe zusammen mit 1 Dose Wasser in einen Kochtopf geben. Zitrone heiß waschen, die Schale abreiben, Zitrone auspressen. Schale und 1 EL Zitronensaft zur Suppe geben und alles erhitzen.

2 Sahne und Eigelb verquirlen und kräftig in die nicht mehr kochende Suppe einrühren. Mit Curry abschmecken.

3 Zitronenmelisse waschen, grob hacken und vor dem Servieren unter die Suppe heben.

Minestrone

Zutaten für 4 Personen

- 1 große Kartoffel
- 1 Würfel Klare Gemüsesuppe
- 500 g gemischtes tiefgefrorenes Gemüse
- 1 EL tiefgefrorene gemischte Kräuter

20 Minuten

1 Kartoffel schälen und in kleine Würfel schneiden. 1 l Wasser zum Kochen bringen und Suppenwürfel darin auflösen. Gemüse hinzufügen und bei geringer Wärmezufuhr ca. 15 Minuten kochen.

2 Minestrone in Suppentassen füllen und mit gehackten Kräutern bestreuen.

TIPP

Machen Sie mit beim Umweltschutz – sammeln und sortieren Sie Flaschen, Jogurtbecher, Dosen, Getränkekartons oder Pappschachteln.

Broccoli-Käse-Suppe

Zutaten für 4 Personen

- 2 Packungen »Broccoli-Käsereis« (küchenfertiges Reisgericht à 155 g)
- 1 l Milch
- 60 g geröstete Sonnenblumenkerne

1 Reisgericht nach Packungsanweisung zubereiten.

2 Milch zum Reis gießen, aufkochen und etwas einkochen lassen. Suppe vor dem Servieren mit Sonnenblumenkernen bestreuen.

15 Minuten

TIPP

Zum Rösten der Sonnenblumenkerne empfiehlt sich eine heiße, beschichtete Pfanne ohne weitere Fettzugabe.

Spinatcreme mit Lachs

Zutaten
für 4 Personen

- 5 Schalotten
- 100 g Räucherlachs
- 2 EL Speiseöl
- 3 EL Paniermehl
- ¼ l Gemüsebrühe
- 450 g tiefgefrorener Spinat
- ½ l Sahne
- ¼ l Milch
- Muskat
- Salz
- Pfeffer

30
Minuten

1 Schalotten abziehen und fein würfeln. Lachs in Streifen schneiden. Öl in einem Topf erhitzen, Schalottenwürfel hinzufügen und andünsten. Paniermehl einstreuen, kurz anschwitzen und mit Brühe ablöschen.

2 Gefrorenen Spinat in die Brühe geben und langsam auftauen lassen, ab und zu umrühren. Sahne und Milch aufgießen und Suppe mit den Gewürzen abschmecken. Nochmals kurz aufkochen und auf Teller verteilen. Lachsstreifen darüber geben, Suppe sofort servieren.

Räucherforelle mit Erbsensuppe

Zutaten für 4 Personen

- 2 Frühlingszwiebeln
- 20 g Butter
- 250 g tiefgefrorene Erbsen
- Salz
- Pfeffer
- 500 ml Fischfond aus dem Glas
- ¼ l Weißwein
- ⅛ l Sahne
- 1 Zweig Dill
- 4 geräucherte Forellenfilets, gehäutet

30 Minuten

1 Geputzte Frühlingszwiebeln in Streifen schneiden. Butter in einem Topf schmelzen, Zwiebeln darin glasig dünsten. Erbsen hinzufügen, kurz andünsten und mit Salz und Pfeffer abschmecken.

2 Fischfond erhitzen, zusammen mit dem Wein zu den Erbsen gießen. Suppe 10–15 Minuten garen, etwas abkühlen lassen und mit dem Pürierstab pürieren. Sahne hinzugießen und Erbsensuppe nochmals kurz aufkochen. Dillfähnchen unterrühren.

3 Grob zerteilte Forellenfilets auf tiefe Teller geben und mit der Erbsensuppe auffüllen.

Bohnen-Tomaten-Topf

Bohnen-Tomaten-Topf

Zutaten
für 4 Personen

- 1 l Fleischbrühe
- 500 g Schweinenacken
- 2 Gläser grüne Brechbohnen (à 530 g)
- 1 Dose geschälte Tomaten (400 g)
- 1 Zweig Bohnenkraut
- 2 EL Butter
- 1 EL Mehl
- 1 Bd. Petersilie
- ½ TL schwarzer Pfeffer
- Salz

45 Minuten

1 Fleischbrühe erhitzen, Fleisch in grobe Stücke schneiden, in die Brühe geben und ca. 30 Minuten kochen.

2 Bohnen und Tomaten abtropfen lassen, Tomaten grob zerschneiden. Bohnen, Tomaten und Bohnenkraut zum gegarten Fleisch geben und ca. 5 Minuten kochen.

3 Butter mit Mehl verkneten und nach und nach mit dem Schneebesen in den kochenden Eintopf einrühren. So lange unter Rühren kochen lassen, bis die Flüssigkeit eingedickt ist.

4 Petersilie fein hacken und zum Bohneneintopf geben. Mit Pfeffer und Salz abschmecken, auf Tellern anrichten und mit frischem Bohnenkraut dekoriert servieren.

TIPP

Eintöpfe können gut auf Vorrat gekocht und eingefroren werden. Aber: Dafür nicht mit Mehl binden – es schmeckt auch »ungedickt« herrlich deftig.

Red Hot Chili Pasta

Zutaten
für 4 Personen

- 1 Packung Spaghettini (500 g)
- Salz
- 1 Zwiebel
- 2 Knoblauchzehen
- 2 EL Speiseöl
- 500 g Hackfleisch
- 1 Dose Tomatenstücke (400 g)
- 300 ml Tomatensaft
- 2 EL Tomatenmark
- Pfeffer
- Chilipulver
- italienische Kräuter
- Zucker

30 Minuten

1 Spaghettini nach Packungsanweisung in Salzwasser kochen, abgießen und abtropfen lassen.

2 Zwiebel und Knoblauchzehen abziehen und fein würfeln. Öl erhitzen, Zwiebel, Knoblauch und Hackfleisch darin anbraten. Tomatenstücke, Tomatensaft und Tomatenmark hinzugeben. Alles zusammen ca. 10 Minuten bei milder Hitze köcheln lassen.

3 Sauce mit Salz, Pfeffer, Chilipulver, italienischen Kräutern und Zucker pikant abschmecken.

4 Spaghettini mit Sauce auf Tellern anrichten.

TIPP

Verfeinert wird das Nudelgericht durch eine Verzierung aus schwarzen und grünen Olivenscheiben sowie frisch geraspelten Parmesan.

Muscheln in Tomatencreme

Zutaten
für 4 Personen

- 1,5 kg Miesmuscheln
- 2 Zwiebeln
- 2 Knoblauchzehen
- 4 EL Olivenöl
- 2 getrocknete Chilischoten
- 1/8 l Weißwein
- 150 g Lauch
- 1 Dose Tomatencremesuppe, konzentriert
- 1 Bd. Koriander

30 Minuten

1 Muscheln unter fließendem Wasser kräftig abbürsten, geöffnete unbedingt entfernen.

2 Zwiebeln und Knoblauch abziehen, fein hacken und im heißen Öl andünsten. Chilis zerstoßen und mit den Muscheln hinzufügen. Wein angießen, kurz aufkochen lassen.

3 Lauch putzen und in sehr feine Ringe schneiden. Tomatencremesuppe zusammen mit 1 Dose Wasser und den Lauchringen zu den Muscheln geben. Ca. 7 Minuten garen lassen.

4 Muscheln mit gehacktem Koriander bestreuen und sofort servieren. Muscheln, die sich nach dem Kochen nicht geöffnet haben, entfernen.

TIPP

Schmeckt besonders gut mit im Grill geröstetem Knoblauchbrot.

Poseidon-Spieße

Zutaten
für 4 Personen

- 4 EL Crème fraîche
- 4 EL Sahne
- 4 EL Tomatenmark
- Cayennepfeffer
- Paprikapulver
- 1 Beutel scharf gewürzte Backofen-Pommes-frites (450 g)
- 1 Packung Fischstäbchen (10 Stück)
- 2 EL Öl
- ca. 16 Kirschtomaten
- 8 Maiskölbchen aus dem Glas
- ½ Salatgurke

30 Minuten

1 Für den Feuer-Dip Crème fraîche mit Sahne und Tomatenmark glatt rühren und mit Cayennepfeffer und Paprikapulver abschmecken.

2 Pommes frites nach Packungsanweisung im Backofen zubereiten. In der Zwischenzeit Fischstäbchen in erhitztem Öl von beiden Seiten ca. 3–4 Minuten anbraten.

3 Kirschtomaten von den Stielansätzen befreien, Maiskölbchen abtropfen lassen, Salatgurke putzen und in Stücke schneiden. Fischstäbchen halbieren und mit dem Gemüse abwechselnd auf Spieße stecken. Poseidon-Spieße mit dem Feuer Dip zu den Pommes frites servieren.

Tortellini in Kräuter-Knoblauch-Sauce

TIPP

Gebrauchte Verpackungen sind wertvoller Rohstoff! Doch zur Verwertung müssen sie gesammelt und sortiert werden. Dafür sorgt das Duale System – damit aus Altem wieder etwas Neues wird.

Zutaten
für 4 Personen

- 500 g Tortellini
- 4 Scheiben gekochter Schinken
- 2 Becher Sahne
- 4 EL geriebener Parmesan
- 2 TL Kräuter-Knoblauch-Würzpaste

15 Minuten

1. Tortellini nach Packungsanweisung garen. Schinken in Würfel schneiden.

2. Sahne erhitzen, Schinken, Parmesan und Würzpaste hinzugeben. 5 Minuten unter Rühren etwas einkochen lassen. Tortellini zusammen mit der Kräuter-Käse-Sauce servieren.

Putenstreifen

Putenstreifen mit Mais

Zutaten für 4 Personen

- 200 g Basmati-Reis
- 400 g Putenbrust
- 1 Zwiebel
- 1 Knoblauchzehe
- 1 Glas Champignons (330 g)
- 1 Dose Tomatenstücke (400 g)
- 1 Dose Mais (300 g)
- 1 Bd. Frühlingszwiebeln
- 2 EL Speiseöl
- Salz
- Pfeffer
- Paprikapulver

30 Minuten

1 Basmati-Reis nach Packungsanweisung zubereiten. Putenbrust waschen, trockentupfen und in Streifen schneiden.

2 Zwiebel und Knoblauchzehe abziehen, Zwiebel fein würfeln und Knoblauchzehe hacken. Champignons, Tomaten und Mais abtropfen lassen. Frühlingszwiebeln putzen, waschen und in Ringe schneiden.

3 Öl erhitzen, Putenbrust darin anbraten, die übrigen Zutaten nach und nach hinzugeben und alles zusammen anbraten. Mit den Gewürzen nach Belieben abschmecken und servieren.

China-Gemüse-Huhn

25 Minuten

Zutaten für 4 Personen

- 500 g Hühnerbrustfilet
- 4 EL Keimöl
- 2 Beutel Fix für China-Pfanne
- 600 g Broccoliröschen (frisch oder tiefgefroren)
- 4–5 EL Mandelblättchen

1 Hühnerbrustfilet in Streifen schneiden und in heißem Keimöl anbraten. 600 ml kaltes Wasser dazugießen und Fix für China-Pfanne einrühren. Unter Rühren aufkochen. Broccoliröschen dazugeben und mit geschlossenem Deckel bei schwacher Hitze 10 Minuten garen. Ab und zu umrühren.

2 Mandelblättchen in einer Pfanne ohne Fett goldbraun rösten und zur Hähnchenpfanne geben. Dazu schmeckt Reis (aus dem Kochbeutel).

TIPP

Einen zusätzlichen Hauch von Exotik bringt ein kleines Stück frischer Ingwer. Fein gerieben passt er auch zum Huhn mit Broccoli – er wird dann mit den Broccoliröschen zum Fleisch gegeben.

Peperoni-Huhn

Zutaten
für 4 Personen

- 800 g Hühnerbrustfilet
- Salz
- Pfeffer
- 4 EL Pflanzenöl
- 1 rote Peperoni
- 1 grüne Peperoni
- 250 ml Kokosmilch (aus der Dose)
- 2 Dosen Geflügelcremesuppe
- Ingwerpulver
- 2 EL Sojasauce
- 4 EL gehackte Erdnusskerne
- Korianderblättchen

20 Minuten

1 Hühnerbrustfilet abtupfen, würfeln, salzen, pfeffern und im heißen Öl goldbraun anbraten.

2 Peperoni in feine Ringe schneiden und zum Fleisch geben. Kokosmilch und Geflügelcremesuppe hinzugießen und kurz aufkochen lassen. Mit Ingwerpulver, Sojasauce, Salz und Pfeffer abschmecken und ca. 7 Minuten schmoren. Nach Belieben mit gehackten Erdnusskernen und Koriander bestreut servieren. Als Beilage empfiehlt sich Basmati-Reis.

TIPP

Wer die Peperoni von den Kernen befreit, nimmt ihr die Schärfe.

Thunfischsteaks auf Spitzkohl

Zutaten
für 4 Personen

- 1 kleiner Spitzkohl
- 1 Zwiebel
- 4 küchenfertige Thunfischsteaks à 150 g
- 2 EL Öl
- Salz
- Pfeffer
- 1 Dose Tomatencremesuppe, tafelfertig
- 2 EL gehackte Petersilie

30 Minuten

1 Spitzkohl putzen, waschen und klein schneiden. Zwiebel abziehen und fein hacken.

2 Thunfischsteaks würzen und im heißen Öl von beiden Seiten anbraten, herausnehmen und beiseite stellen.

3 Zwiebel im Bratfett andünsten, Kohl zufügen und leicht anschmoren. Die Tomatencremesuppe hinzugießen, kurz aufkochen lassen und den Thunfisch darauf setzen. Zugedeckt bei mittlerer Hitze ca. 8 Minuten garen. Mit gehackter Petersilie bestreut servieren.

Kaiserschmarren

Zutaten für 4 Personen

- 2 Beutel Fertig-Teigmischung für Kaiserschmarren
- 2 EL Butter
- Zucker zum Bestreuen

15 Minuten

1 Fertig-Teigmischung in 500 ml Wasser einrühren (siehe auch Packungsanweisung).

2 In einer beschichteten großen Pfanne die Butter erhitzen. Teig hineingießen und bei schwacher Hitze 3–5 Minuten auf einer Seite goldbraun backen. Den an der Oberfläche noch etwas flüssigen Teig vierteln, mit einem Pfannenwender wenden und bei schwacher Hitze 3–5 Minuten weiterbacken.

3 Kaiserschmarren in kleine Stücke zerteilen und in ca. 1 Minute fertigbacken. Mit Zucker bestreuen und servieren.

Feurige Paprika-Eier

Zutaten für 4 Personen

- 1 Beutel Backofen-Pommes-frites (750 g)
- 6 Eier
- 2 Scheiben Speck
- 2 Zwiebeln
- 1 gestr. EL Paprikapulver
- 2 EL saure Sahne
- 1 Becher Buttermilch (500 g)
- 1 TL Brühe, instant
- Salz

20 Minuten

1 Pommes frites nach Packungsanweisung im vorgeheizten Backofen zubereiten.

2 In der Zwischenzeit die Eier 10 Minuten kochen und dann schälen. Speck fein würfeln und in einer Pfanne auslassen. Zwiebeln abziehen, hacken, zum Speck in die Pfanne geben und kurz anbraten. Paprikapulver über Zwiebeln und Speck streuen, ein wenig rösten lassen und mit saurer Sahne ablöschen. Buttermilch aufgießen, mit Brühe und Salz würzen.

3 Gekochte Eier vorsichtig halbieren und in eine Schüssel geben. Die Sauce darüber gießen und mit Pommes frites servieren.

Lachspfannkuchen mit Spargel

Lachspfannkuchen

Zutaten
für 4 Personen

- 2 Gläser Spargel (à 530 g)
- 1 Packung Fertig-Pfannkuchen im Frische-Pack (300 g)
- 1 Packung Räucherlachs (200 g)
- 1 Beutel Saucen-Fix für Sauce Hollandaise
- 125 g Butter

20 Minuten

1 Spargel im Sud und etwas Wasser erwärmen, herausnehmen, auf Teller legen und warm halten.

2 Pfannkuchen im vorgeheizten Backofen bei 200 Grad 2 Minuten lang erwärmen (siehe Packungsanweisung), mit Räucherlachs belegen, aufrollen und in Scheiben schneiden. Lachspfannkuchen mit dem Spargel auf Tellern anrichten.

3 Sauce Hollandaise nach Packungsanweisung mit Wasser und Butter zubereiten und über den Spargel gießen.

TIPP

Zur Spargelzeit schmecken Lachspfannkuchen mit frischem grünen oder weißen Spargel besonders gut. Für 4 Personen brauchen Sie 1,5 kg Spargel. Der Spargel wird dann geschält und in kochendem Salzwasser mit Zucker und 1 TL Butter etwa 15 Minuten gegart.

Tiroler Omelett

Zutaten
für 4 Personen

- 8 Kartoffelknödel im Kochbeutel
- 6 Schalotten
- 250 g Cornichons aus dem Glas
- 6 EL Öl
- 8 Eier
- 4 EL Gurkensud
- Muskat
- Salz
- Pfeffer
- 2 EL gehackte Petersilie

35 Minuten

1 Knödel nach Packungsanweisung zubereiten. Aus dem Kochbeutel nehmen und in Scheiben schneiden.

2 Schalotten abziehen, Cornichons abtropfen lassen und Sud auffangen. Schalotten und Gurken in Würfel schneiden. Öl auf zwei Pfannen verteilen und erhitzen. Schalotten und Knödel darin von beiden Seiten anbraten. Gurkenwürfel unterrühren.

3 Eier mit Gurkensud verquirlen, mit Muskat, Salz und Pfeffer würzen. Die Eiermischung über beide Pfannen verteilen und ca. 15 Minuten stocken lassen. Mit Petersilie bestreut servieren.

Menüs mit & ohne Brühe – völlig ohne Mühe

Herzhafte Speckbohnen

Zutaten
für 4 Personen

- 1 Dose weiße Bohnen (400 g)
- 1 Zwiebel
- 50 g Butter
- 1 EL Senf
- 2 EL Ahornsirup
- 50 g brauner Zucker
- 1 EL lösliches Kaffeepulver
- Salz
- Pfeffer
- 100 g durchwachsener Speck
- 4 Scheiben Pumpernickel
- 2 EL tiefgefrorene Kräuter

15 Minuten

1 Bohnen abtropfen lassen. Zwiebel abziehen und fein würfeln. 1 EL Butter in einer Pfanne erhitzen und Zwiebelwürfel und Bohnen darin andünsten.

2 Senf, Ahornsirup, braunen Zucker, Kaffeepulver und 100 ml heißes Wasser verrühren, zu den Bohnen geben und mit Salz und Pfeffer abschmecken. Bohnen in eine feuerfeste Form geben und im Backofen bei 180 Grad 10 Minuten backen.

3 Speck in einer Pfanne ohne Fett knusprig braten. Pumpernickel diagonal halbieren, mit restlicher Butter bestreichen. Kräuter auf die Butterbrote streuen und Brote auf vier Teller legen. Bohnen und gebratenen Speck dazugeben.

TIPP

Pappschachteln vor dem Einwurf in die Papiertonne flach zusammendrücken!

Jägerfilet

Zutaten
für 4 Personen

- 800 g Schweinefilet
- Salz
- Pfeffer
- 20 g Margarine
- 1 Dose Jägersuppe, konzentriert
- 200 g Pfifferlinge, geputzt
- 1 EL Crème double

1 Filet in 12 Scheiben schneiden, salzen, pfeffern und im heißen Fett anbraten.

2 Jägersuppe mit 1 Dose Wasser glatt rühren, zum Fleisch gießen und alles 7 Minuten garen lassen. Pilze zufügen, weitere 5 Minuten garen. Crème double unterrühren und servieren.

20 Minuten

Vanilleeis an Fruchtmix

Zutaten
für 4 Personen

- 300 g frisches Obst der Saison
- 1 Packung tiefgefrorene Himbeeren (300 g)
- 2 EL Puderzucker
- 8 kleine Kugeln Vanilleeis
- 1 Packung Reistaler mit Karamellgeschmack

15 Minuten

1 Obst waschen, schälen und in Scheiben schneiden.

2 Für die Sauce angetaute Himbeeren pürieren, durch ein Sieb streichen und mit Puderzucker abschmecken.

3 Himbeersauce auf vier Teller verteilen, je zwei Vanilleeiskugeln darauf setzen und mit vorbereiteten Obststücken anrichten. Eiskugeln jeweils mit einem Reistaler versehen, restliche Reistaler zum Dessert separat dazureichen.

Delikatess-Salat mit Hühnchen

Zutaten für 4 Personen

- 500 g tiefgefrorenes Mischgemüse
- Salz
- 3 EL Öl
- 400 g Hühnerbrustfilet
- Pfeffer, Currypulver
- 2 rote Zwiebeln
- 1 Knoblauchzehe
- 1 Becher saure Sahne (150 g)
- 1 Becher Jogurt (150 g)
- 2 EL Essig

20 Minuten

1 Gemüse in kochendem Salzwasser ca. 8 Minuten garen, abgießen und abkühlen lassen.

2 Öl in einer Pfanne erhitzen, Hühnerbrustfilet darin von beiden Seiten ca. 7 Minuten braten, würzen, in Stücke schneiden und abkühlen lassen.

3 Für die Sauce Zwiebeln und Knoblauch abziehen, würfeln. Saure Sahne mit Jogurt, Knoblauch, Essig und Gewürzen verrühren. Gemüse, Hühnerbrust und Zwiebeln vermischen, Salatsauce darüber gießen.

Lamm provençale

Zutaten für 4 Personen

- 2 Packungen »Tomatenreis Provençale« (küchenfertiges Gericht à 155 g)
- 8 Lammkoteletts
- 2 Knoblauchzehen
- je 1 Zweig Rosmarin und Thymian
- 4 EL Speiseöl
- Salz, Pfeffer

20 Minuten

1 Tomatenreis nach Packungsanweisung zubereiten. Lammkoteletts waschen und trockentupfen.

2 Knoblauch abziehen, Rosmarin und Thymian waschen. Öl in einer Pfanne erhitzen, Lammkoteletts mit Knoblauch und den Kräutern darin braten. Fleisch mit Salz und Pfeffer würzen.

3 Lammkoteletts zusammen mit Tomatenreis servieren.

Profiteroles an Mousse au Chocolat

Zutaten
für 4 Personen

- 1 Packung tiefgefrorene Mini-Windbeutel (300 g)
- 1 Packung Mousse au Chocolat
- 1 EL Puderzucker
- 1 EL Kakaopulver
- 2 EL Schokoraspel
- Zitronenmelisse

1 Mini-Windbeutel auftauen lassen. Mousse au Chocolat nach Packungsanweisung zubereiten, in einen Spritzbeutel füllen und dekorativ auf vier Teller spritzen. Windbeutel nach Belieben dazusetzen, alles mit Puderzucker bestäuben.

2 Den Tellerrand mit Kakaopulver und Schokoraspel verzieren, mit Zitronenmelisse garnieren und servieren.

30 Minuten

TIPP

Fertige Tiefkühl-Mini-Windbeutel gibt es in verschiedenen Geschmacksrichtungen. Damit kann der Nachtisch genauso variiert werden wie mit weißer Mousse au Chocolat.

Feine Garnelen-Bouillon

Zutaten
für 4 Personen

- 200 g Fenchel
- 1 rote Paprikaschote
- 3 Lauchzwiebeln
- 2 EL Speiseöl
- 1 l Fleischfond aus dem Glas
- 2 EL Knoblauchöl
- 8 küchenfertige Riesengarnelen
- Salz
- 1 Msp. Safranpulver
- Pfeffer

1 Gemüse putzen, Fenchel in dünne Streifen, Paprika in Würfel und Lauchzwiebeln in Ringe teilen. Gemüse im heißen Öl andünsten, Fleischfond aufgießen und alles ca. 10 Minuten leise köcheln lassen.

2 Knoblauchöl in einer Pfanne erhitzen, Riesengarnelen leicht salzen und in die Pfanne geben. Von jeder Seite ca. 1 Minute braten, bis sie eine leichte Bräune zeigen. Garnelen mit Öl zur Brühe geben, Safranpulver einrühren, mit Salz und Pfeffer würzen.

25 Minuten

Mango-Rad mit Nugat

Zutaten für 4 Personen

- 150 g Sonnenblumenkerne
- 180 g Puderzucker
- 25 g Kakaopulver
- 2–3 Eiweiß
- 1 Dose Mangoscheiben (425 g)
- einige Blätter Zitronenmelisse
- 15 g geröstete Sonnenblumenkerne

20 Minuten

1 Sonnenblumenkerne fein mahlen, mit Puderzucker und Kakaopulver vermengen. Eiweiß unterrühren, bis eine feste, nugatartige Masse entsteht. Masse ausrollen, einen großen Kreis ausstechen und auf eine Platte setzen.

2 Mangoscheiben abtropfen lassen, mit der Zitronenmelisse um den Nugatkreis anrichten. Mit gerösteten Sonnenblumenkernen bestreuen.

Asiatische Fisch-Pfanne

Zutaten
für 4 Personen

- 750 g Seebarsch-, Flussbarsch- oder Seelachsfilet
- 2 EL Zitronensaft
- 5–6 EL Speiseöl
- 200 g Reis
- ½ Packung tiefgefrorenes Chinagemüse (500 g)
- 2 EL Sojasauce
- 2 EL Reiswein
- 200 ml Hühnerbrühe
- Salz
- Pfeffer
- 1 TL Maisstärke
- 1 TL Chinagewürz

40 Minuten

1 Fisch säubern, mit Zitronensaft beträufeln, salzen und quer in 2 cm breite Stücke schneiden. Öl in einem Wok oder einer Pfanne erhitzen, Fisch darin von allen Seiten anbraten, herausnehmen und warm stellen.

2 Reis nach Packungsanweisung in Salzwasser garen. Chinagemüse ebenfalls nach Herstellerempfehlung im Wok oder in der Pfanne zubereiten.

3 Sojasauce, Reiswein und Hühnerbrühe zum Gemüse geben, mit Salz und Pfeffer würzen und zugedeckt bei schwacher Hitze etwa 10 Minuten garen. Maisstärke mit 1 TL Wasser anrühren, in die Sauce rühren, kurz aufkochen und mit Chinagewürz abschmecken.

4 Fisch in das Gemüse legen, kurz darin ziehen lassen, bis er warm ist, und zusammen mit dem Gemüse servieren. Den Reis separat dazureichen.

TIPP

Reiswein schmeckt nicht nur als Würze für die Fisch-Pfanne, er empfiehlt sich auch als traditionelles Getränk zu asiatischem Essen. Getrunken wird er, je nach Vorlieben, heiß oder kalt.

Fusilli mit Muscheln

Zutaten
für 4 Personen

- 500 g Fusilli
- Salz
- 2 kleine Zwiebeln
- Olivenöl
- 2 Gläser Venusmuscheln
- 1 Glas trockener Weißwein
- 2 Gläser Tomatensauce »Arrabbiata«
- frisches Basilikum

20 Minuten

1 Die Nudeln in reichlich kochendem Salzwasser al dente garen. Venusmuscheln abtropfen lassen.

2 In der Zwischenzeit Zwiebeln abziehen, in kleine Würfel schneiden und mit etwas Olivenöl in eine Pfanne geben. Zwiebeln glasig dünsten.

3 Abgetropfte Muscheln zu den Zwiebeln geben und kurz andünsten. Mit Weißwein ablöschen und mit Tomatensauce auffüllen. Das Ganze 8 Minuten leicht kochen. Basilikum fein hacken und kurz vor Ende der Garzeit unter die Sauce rühren. Fusilli mit der Sauce servieren.

Tutti frutti

Zutaten
für 4 Personen

- 2 Bananen
- ½ Glas Mohnjogurt (250 g)
- 1 TL Zitronensaft
- 3 Kiwis
- 1 Grapefruit
- 1 Babyananas

15 Minuten

1 Bananen schälen und mit dem Jogurt im Mixer pürieren. Zitronensaft unterrühren.

2 Die Früchte schälen. Kiwis längs halbieren, zusammen mit der Grapefruit und der Ananas in Scheiben schneiden.

3 Obstscheiben auf Tellern dekorativ verteilen. Bananen-Mohn-Sauce nach Belieben darüber geben oder extra reichen.

Lachs mit Kaviar-Curry-Sauce

Zutaten für 4 Personen

- 4 Scheiben frischer Lachs (ca. 3 cm dick)
- Pfeffer
- Salz
- 1 Stange Lauch
- 1/8 l Weißwein
- 1 Lorbeerblatt
- 4 weiße Pfefferkörner
- 1/8 l Sahne
- 1 Packung Delikatess-Currysauce
- 2 TL rosa Kaviar

30 Minuten

1 Lachs mit Pfeffer und Salz würzen und ziehen lassen.

2 In der Zwischenzeit Lauch putzen, in Ringe schneiden, mit Weißwein, 1/8 l Wasser, Lorbeerblatt und Pfefferkörnern zum Kochen bringen. Fischscheiben nebeneinander in den Sud legen und in ca. 10 Minuten gar ziehen lassen, dabei einmal wenden, aus dem Sud nehmen und anrichten.

3 Für die Sauce 1/8 l Wasser und die Sahne zum Kochen bringen. Delikatess-Currysauce einrühren, 1 Minute kochen lassen. Kaviar zufügen und kurz darin erwärmen. Sauce über den Fisch geben. Dazu schmecken Salzkartoffeln.

TIPP

Lachsscheiben gibt es auch aus der Tiefkühltruhe. Sie werden nach dem Auftauen genauso weiterverarbeitet wie frischer Lachs und sind geschmacklich unbedingt zu empfehlen.

Sommergemüse-Creme

Zutaten
für 4 Personen

- 3 TL Gemüsebrühe, instant
- 1 Beutel Sommergemüse (750 g)
- 100 ml Sahne
- 3 TL Zitronensaft
- Salz, Pfeffer, Koriander
- 1 Packung Schnittlauch
- 2 EL Crème fraîche

1 Gemüsebrühe in 800 ml Wasser aufkochen. Gemüse zufügen, aufkochen und bei niedriger Hitze 8–10 Minuten köcheln.

2 ⅓ des Gemüses entnehmen und als Suppeneinlage beiseite stellen. Das verbleibende Gemüse weitere 5 Minuten garen und anschließend pürieren.

3 Sahne zum pürierten Gemüse geben und mit Zitronensaft, Salz, Pfeffer und Koriander abschmecken. Schnittlauch zufügen.

4 Die Gemüseeinlage auf vier Teller verteilen, mit der Suppe auffüllen und einen Tupfer Crème fraîche dazugeben.

25 Minuten

TIPP

Verpackungen, die in den Restmüll gelangen, können nicht mehr recycelt werden und gehen somit als wertvoller Rohstoff verloren.

Frozen Dream

25 Minuten

Zutaten
für 4 Personen

- je 4 Rispen rote und schwarze Johannisbeeren
- 2 cl Obstler
- etwas Zucker
- 3–4 Kiwis
- 2 cl Cassislikör
- 1 l Vanilleeis

1 Gewaschene Johannisbeer-Rispen in einer Schüssel mit Obstler beträufeln. 15 Minuten ziehen lassen. Früchte in Zucker wälzen.

2 Kiwis schälen und pürieren. Kiwimus auf vier Teller verteilen und mit Cassislikör umranden.

3 Je zwei Kugeln Eis auf dem Saucenspiegel anrichten und mit Johannisbeer-Rispen garnieren.

Käse-Spinat an Reisrösti

Zutaten für 4 Personen

- 2 Lauchzwiebeln
- 70 g Butter
- Salz
- Pfeffer
- 4 Portionen Reis aus Kochbeuteln
- 50 g Paniermehl
- 2 Eier
- 1 Packung tiefgekühlter Rahmspinat
- 70 g geriebener Emmentaler

25 Minuten

1 Lauchzwiebeln putzen, in Ringe schneiden und in 10 g Butter andünsten. Mit Salz und Pfeffer würzen und abkühlen lassen.

2 Reis nach Packungsanweisung kochen, mit Paniermehl, Eiern und angedünsteten Lauchzwiebeln vermengen.

3 Spinat nach Packungsanweisung zubereiten.

4 30 g Butter in einer beschichteten Pfanne aufschäumen lassen und die Reismasse darin verteilen. Masse glatt streichen und ca. 3 Minuten bei mittlerer Hitze goldgelb braten. Einen flachen Topfdeckel auf die Pfanne legen und Reisrösti mit einem Ruck wenden. Restliche Butter hinzugeben und fertig braten. Rösti auf vier Teller verteilen.

5 Geriebenen Käse im erwärmten Spinat auflösen. Käsespinat zu den Rösti geben.

Fruchtige Kartoffelplätzchen

Zutaten
für 4 Personen

- 600 g Rösti-Ecken aus dem Frische-Pack
- 300 g Preiselbeeren aus dem Glas
- 2 Eiweiß
- 1 Päckchen Vanillezucker
- Kokosflocken
- gehackte Pistazien

1 Jeweils sechs Rösti-Ecken auf einem Backblech zu einer Pizza zusammenlegen und im vorgeheizten Backofen bei 225 Grad 5 Minuten backen.

2 Rösti mit Preiselbeeren belegen. Eiweiß mit Vanille steif schlagen und über die Früchte streichen, mit Kokosflocken und Pistazien bestreuen. Im Backofen bei 225 Grad 10 Minuten überbacken. In Stücke teilen und sofort servieren.

20 Minuten

Schleifennudeln tricolori

Zutaten
für 4 Personen

- 100 g bunte Schleifennudeln (Farfalle)
- 200 g Möhren
- 2 Tassen Klare Brühe
- 1 Packung tiefgefrorener Rahmkohlrabi (300 g)
- 100 g Crème fraîche
- 1 Packung Schnittlauch
- Salz, Pfeffer

1 Bunte Schleifennudeln nach Packungsanweisung bissfest garen.

2 Möhren schälen, waschen und in feine Scheiben schneiden. Möhrenscheiben 8 Minuten in der Brühe dünsten.

3 Rahm-Kohlrabi nach Packungsanweisung zubereiten, Crème fraîche und $3/4$ des Schnittlauchs zugeben und abschmecken.

25 Minuten

4 Nudeln abgießen, auf tiefen Tellern anrichten und den Rahm-Kohlrabi darüber verteilen. Mit Möhren garnieren.

Datteln auf weißer Schokoladenmousse

Zutaten
für 4 Personen

- 1 Packung Fertigzubereitung für weiße Schokoladenmousse
- Erdbeersauce aus dem Glas
- 6 frische Datteln
- 1 EL Crème fraîche
- 1 EL Sahne

20 Minuten

1 Schokoladenmousse nach Packungsanweisung zubereiten und kalt stellen.

2 Erdbeersauce auf Teller verteilen.

3 Schokoladenmousse mit in heißes Wasser getauchten Esslöffeln in 12 Nocken aufteilen und je 3 auf einen Teller geben.

4 Datteln häuten, halbieren und entkernen. Je ½ Dattel auf die Nocken setzen.

5 Crème fraîche mit der Sahne verrühren und in die Nockenzwischenräume tupfen. Cremetupfer mit einem Löffelstiel in die Erdbeersauce ziehen.

TIPP

Weiße Schokoladenmousse in Begleitung einer Tasse Espresso – schmeckt besonders gut.

Für Gäste & Feste – nur das Beste

Grillhähnchen mit BBQ-Gemüse

Zutaten
für 8 Personen

- 8 halbe gegrillte Hähnchen (fertig vom Metzger o.ä.)
- 8 EL Sojasauce
- 2 Lauchstangen
- 2 EL Butter
- 1 großes Glas Mais (530 g)
- 1 Dose Kidneybohnen (400 g)
- Salz
- Pfeffer
- 2 TL gerebelter Thymian
- 6 EL Crème fraîche
- Kartoffelchips nach Belieben

30 Minuten

1 Hähnchenhälften leicht mit Sojasauce bestreichen und im vorgeheizten Backofen bei 180 Grad ca. 20 Minuten erwärmen.

2 Lauch waschen und in Ringe schneiden, in Butter anbraten. Mais und Bohnen abtropfen lassen, zum Lauch geben und erhitzen. Mit Salz, Pfeffer und 1/2 TL Thymian abschmecken. Mit Crème fraîche verfeinern.

3 Hühnerhälften und Gemüse zusammen mit Kartoffelchips servieren. Restlichen Thymian über das Gemüse streuen.

Tomaten-Zucchini-Polenta

Zutaten
für 8 Personen

- 4 Tassen 5-Minuten-Polenta, instant
- 6 Tomaten
- Pfeffer
- Thymian
- 4 Zucchini
- 2 EL Öl
- 2 Beutel Fix für Tomaten-Zucchini-Gratin
- 200 g Blauschimmelkäse

40 Minuten

1 Polenta nach Packungsanweisung in 5 Minuten unter Rühren aufkochen lassen. Masse in zwei Auflaufformen gleichmäßig verteilen. Tomaten in Scheiben schneiden und darüber legen. Mit Pfeffer und Thymian würzen.

2 Zucchini putzen, in Scheiben schneiden und ca. 5 Minuten in Öl dünsten. 1/4 l Wasser hinzugießen und Fix für Tomaten-Zucchini-Gratin einrühren. Alles zum Kochen bringen und Sauce über den Tomaten verteilen. Blauschimmelkäse würfeln und über die Sauce streuen.

3 Polenta-Gericht im vorgeheizten Backofen bei 200 Grad ca. 20 Minuten backen.

TIPP

Mit einem Glas Montepulciano d'Abruzzo zur Polenta, glaubt man sich fast in Italien.

Gazpacho-Drink

Zutaten
für 8 Personen

- 2 Beutel Tomatencremesuppe
- 4 rote Paprikaschoten
- 4 EL Zitronensaft
- Paprikapulver
- Chilipulver
- Pfeffer
- Salz
- Tabasco
- 16 Eiswürfel

30 Minuten

1 Tomatencremesuppe in 2 l kaltes Wasser einrühren. Unter Rühren aufkochen und bei geringer Wärmezufuhr 5 Minuten kochen. Dabei gelegentlich umrühren. Suppe abkühlen lassen und kalt stellen.

2 Paprikaschoten mit dem Sparschäler schälen. Paprika putzen, klein schneiden, mit dem Mixstab pürieren und unter die kalte Suppe rühren. Mit Zitronensaft, den Gewürzen und Tabasco kräftig würzen.

3 Eiswürfel in hohe Gläser geben, den Tomatendrink abseihen und darüber gießen.

TIPP

Mit einem Schuss Wodka wird der Gazpacho-Drink zur »Bloody Mary«.

Spare Ribs mit Knoblauchmarinade

Zutaten
für 8 Personen

- 2 Beutel Backofen-Pommes-frites mit Chili-Dip (900 g)
- 4 Knoblauchzehen
- 6 EL Ketschup
- 1 TL Paprikapulver
- Salz
- 2 kg Spare Ribs (Rippchen)

1 Pommes frites nach Packungsanweisung im vorgeheizten Backofen zubereiten.

2 Für die Marinade Knoblauchzehen abziehen, fein hacken und mit Ketschup, Paprikapulver und Salz verrühren. Rippchen in Stücke zerteilen und mit Marinade bestreichen. Im Backofen bei 175 Grad ca. 35 Minuten knusprig braten. Würzige Pommes frites mit den Spare Ribs servieren.

45 Minuten

TIPP

Hier darf mit den Fingern gegessen werden – das macht Spaß und steigert die Partystimmung.

Käse-Nudelsalat mit Kirschtomaten

Zutaten
für 8 Personen

- 4 EL Essig
- 1 Becher Sahne (250 g)
- Salz
- Pfeffer
- 1 EL Paprikapulver, edelsüß
- 1 Prise Zucker
- 8 EL Speiseöl
- 2 Zwiebeln
- 1 EL tiefgefrorene Petersilie
- 500 g Spiralnudeln
- 500 g Gouda
- 2 kleine Zucchini
- 500 g Schinken, gekocht
- 500 g Kirschtomaten
- 2 Eier, gekocht

30
Minuten

1 Aus Essig, Sahne, den Gewürzen und Öl eine Salatsauce rühren. Zwiebeln abziehen und fein würfeln, zusammen mit der Petersilie zur Sauce geben.

2 Spiralnudeln ca. 10 Minuten in Salzwasser bissfest garen. Salatsauce über die noch warmen Nudeln geben und durchmischen.

3 Gouda würfeln, Zucchini und schinken in Streifen schneiden und mit den abgekühlten Nudeln vermengen. Tomaten vierteln, die gekochten Eier achteln und zusammen unter den Salat heben. Nudelsalat vor dem Servieren nach Geschmack würzen.

TIPP

Verpackungen aus verschiedenen Materialien vor der Entsorgung in die Gelbe Tonne oder den Gelben Sack nicht ineinander stapeln!

Chili con Carne

Zutaten
für 8 Personen

- Öl zum Braten
- 600 g Hackfleisch
- 3 Beutel Saucen-Fix für Chili con Carne
- 3 Dosen rote Bohnen (à 400 g)

20 Minuten

1 Öl in einem großen Topf heiß werden lassen und Hackfleisch darin anbraten.

2 $^3/_4$ l Wasser zum Hackfleisch dazugießen, Saucen-Fix einrühren, unter Rühren aufkochen und 5 Minuten köcheln lassen.

3 Bohnen abtropfen lassen, zum Hackfleisch geben und heiß werden lassen.

TIPP

Chili con Carne kann bestens mit Crème fraîche verfeinert werden. Auf alle Fälle sollten Sie ausreichend frisches Baguette zum Chili bereithalten.

Pizza alla Genovese

Zutaten
für 18 Stück

- 2 Packungen Pizzateig aus dem Frische-Pack (à 400 g)
- Fett für das Blech
- Pesto alla Genovese aus dem Frische-Pack (300 g)
- 12 Artischockenherzen aus dem Glas
- 12 Scheiben gekochter Schinken
- 500 g Mozzarella

40 Minuten

1. Pizzateig ausrollen und zwei gefettete Backbleche damit auslegen. Backofen auf 200 Grad vorheizen.

2. Pesto alla Genovese auf den Pizzaböden verteilen. Artischockenherzen abtropfen lassen und in Scheiben zerteilen. Schinken in ca. 2 cm breite Streifen schneiden und mit den Artischockenscheiben auf der Pizza verteilen. Mozzarella würfeln und über die Pizza geben. Im Backofen ca. 20 Minuten backen.

TIPP

Im Heißluftofen können beide Bleche mit Pizza gleichzeitig gebacken werden. Im normalen Backofen verdoppelt sich die Zubereitungszeit, da hintereinander gebacken werden muss – es sei denn, der nette Nachbar von nebenan »leiht« seinen Ofen aus ...

Tomaten-Erdnuss-Suppe

Zutaten
für 8 Personen

- 2 Zwiebeln
- 3 Knoblauchzehen
- 3 EL Öl
- 2 Dosen Tomatenstücke (800 g)
- 200 g Erdnussbutter mit Stückchen
- 250 ml Ketschup
- je 1 TL Chilipulver, Salz, schwarzer Pfeffer, Kreuzkümmel
- 1–2 Bananen

15 Minuten

1 Zwiebeln und Knoblauch abziehen, fein hacken. Öl in einem großen Topf erhitzen, Zwiebeln und Knoblauch darin anbräunen.

2 Tomatenstücke mit Saft, Erdnussbutter, Ketschup, 300 ml Wasser und Gewürze in den Topf geben. Alles gut verrühren und aufkochen lassen.

3 Bananen schälen, in Scheiben schneiden und unter die Suppe mengen. Tomaten-Erdnuss-Suppe vor dem Servieren noch einmal mit den Gewürzen abschmecken.

Zwiebelrostbraten

Zutaten
für 8 Personen

- 8 Rumpsteaks à 200 g
- Salz
- Pfeffer
- Öl zum Braten
- 4 Dosen Französische Zwiebelsuppe
- 4 TL Saucenbinder für dunkle Saucen
- 4 EL gehackte Petersilie

30 Minuten

1 Steaks salzen und pfeffern und je 2 in einer Pfanne mit heißem Öl von jeder Seite 1 Minute anbraten.

2 1 Dose Zwiebelsuppe hinzugießen, aufkochen lassen, Saucenbinder einstreuen und nochmals aufkochen lassen. 1 EL Petersilie unterheben.

3 Fertiges Fleisch warm stellen und die restlichen Steaks auf gleiche Weise zubereiten. Dazu schmeckt Kartoffelpüree – aus der Tüte schnell zubereitet.

TIPP

Besonders schnell wird das Essen fertig, wenn auf allen vier Herdplatten gleichzeitig die Steaks »brutzeln«. Ganz besonders »rassig« wird's mit zusätzlichen gerösteten Zwiebeln (Fertigprodukt).

Die perfekte Vorratshaltung mit Fertigprodukten

Schnelle Küche und raffinierter Genuss waren lange unvereinbar: Entweder wurde die Mahlzeit in Windeseile hergestellt und schmeckte langweilig, oder sie war einseitig und unausgewogen. Oder ein vollständiges Menü entstand unter großem Zeitaufwand, der von der sorgfältigen Auswahl der Zutaten bis zu deren Verarbeitung in der Küche reichte.

Für Letzteres bleibt zumindest unter der Woche in der modernen Lebens- und Arbeitswelt keine Zeit mehr. Außerdem: Immer mehr Haushalte werden von Singles bewohnt, die sich nur selten den Luxus leisten, ausgiebig für eine einzige Person zu kochen.

Zum Glück können wir uns heute bei geringem Zeitaufwand schmackhaft und gesund ernähren. Das gilt sowohl für die Familie, deren einzelne Mitglieder ganz unterschiedliche Anforderungen an Geschmack und Qualität der Nahrungsmittel stellen, als auch für den unter dem Termindruck seines Erwerbslebens stehenden Single. Und die tägliche warme Mahlzeit soll ja schließlich nicht nur einfach sättigen, sondern durch Genuss zur Lebensqualität beitragen!

Wie gut, dass Fertigprodukte das Nahrungsangebot bereichern: Chinagemüse in Mitteleuropa, Aprikosen im Winter und Speiseeis zu jeder Zeit – moderne Konservierungstechniken und die Leistungen des Handels machen es möglich!

Die Nahrungsmittelhersteller haben die Zeichen der Zeit nämlich längst erkannt und füllen die Regale der Supermärkte mit einer fast täglich wachsenden Zahl und Vielfalt an Fertigprodukten. Die Palette reicht mittlerweile von der raffiniert abgestimmten Gewürzmischung, der Würzsauce, dem Dressing oder Dip über Fleisch, Fisch, Gemüse und Obst bis hin zum kompletten Fertigmenü, das dank Wasserbad oder Mikrowelle innerhalb weniger Minuten zum Verzehr bereit ist.

Moderne Technik hat dabei die Probleme der Lagerhaltung weitgehend gelöst. Während traditionelle Methoden des Haltbarmachens wie Trocknen oder Pökeln das Rohprodukt stark verändern, bieten Techniken des Sterilisierens und Tiefgefrierens eine besonders langfristige Lagerfähigkeit, ohne dass die Eigenschaften der häufig sensiblen Nahrungsmittel verloren gehen.

Auf solche Art behandelte Lebensmittel gewinnen zudem positive Eigenschaften:

Neben der langen Lagerfähigkeit steht auch »Convenience«. Damit ist die Bequemlichkeit und der an den Bedürfnissen des Alltags ausgerichtete Komfort bei der Zubereitung gemeint. Wenn Sie also eine Fischmahlzeit zubereiten wollen, müssen Sie nicht mühsam entschuppen und filetieren (was ohnehin nur Profiköchen wirklich gut gelingt), sondern verarbeiten in Ihrer blitzsauber bleibenden Küche ganz einfach das fertige Filet aus der Tiefkühltruhe.

Das Kochen mit Fertigprodukten schafft darüber hinaus einen völlig neuen und abwechslungsreichen Speiseplan. Wenn Sie Ihre Vorräte entsprechend anlegen, können Sie jederzeit über eine schmackhafte Auswahl verfügen – vom gutbürgerlichen Schweinebraten bis zur neapolitanischen Pizza, von der heimischen Erdbeere bis zur fernöstlichen Litschi-Frucht. Die ganze Welt kulinarischer Köstlichkeiten kommt in Ihrer Küche zusammen!

Sie können Ihrer Fantasie freien Lauf lassen, Fertigprodukte und Frischwaren kombinieren, Tiefgefrorenes mit Leckereien aus der Konservendose mischen oder rasch ein Komplettmenü erhitzen. Sie sparen Zeit und haben meistens die Garantie, dass nur frischeste Lebensmittel auf Ihren Tisch kommen: Alles wird unmittelbar nach Fang, Schlachtung oder Ernte schonend und nach den neuesten Erkenntnissen der Wissenschaft weiterverarbeitet.

Und da beim Kochen mit Fertigprodukten der Erfolg so gut wie sicher ist, beginnt der Spaß beim Essen schon mit der entspannten, bequemen Zubereitung!

Nachfolgende Liste soll Ihnen die perfekte Vorratshaltung von Fertigprodukten so einfach wie möglich machen. Dabei handelt es sich um Produkte aus der Konserve, dem Glas, dem Getränkekarton, der Kunststoffverpackung oder auch um solche aus der Tiefkühltruhe. Die Mengenangaben sind für 4 Personen.

Produkte haltbar länger als 1 Jahr

Ananas ....2 kg
Apfelkompott ....2 kg
Aprikosen ....2 kg
Artischocken ....1 kg

Baked Beans ....2 kg
Bambussprossen ....1 kg
Bami Goreng ....1 kg
Biskuitteig ....1 kg
Birnen ....2 kg
Bohnen...................2 kg
Bohneneintopf ....1 kg
Bohnensalat ....1 kg
Bouillon ....2 l
Brathering ....1 kg
Champignoncremesuppe ..2 l
Champignons ....2 kg
Corned Beef ....1 kg
Cornichons ....1 kg
Erbsen ....2 kg
Erdbeeren ....2 kg
Filetsteak ....2 kg
Fischstäbchen ....2 kg
Forellenfilet ....1 kg
Frühlingsrollen ....1 kg
Frühlingssuppe ....2 l
Garnelen ....1 kg

Geflügelragout ....1 kg
Gemüsesuppe ....2 l
Gewürzgurken ....2 kg
Gulaschsuppe ....2 l
Heringsfilet...............1 kg
Himbeeren ....1 kg
Hühnerfrikassee ....1 kg
Hühnersuppe ....2 l
Johannisbeeren ....1 kg
Kabeljaufilet ....2 kg
Kaffeepulver ....2 kg
Kartoffelpuffer ....1 kg
Kartoffelsuppe ....2 l
Kirschen..................2 kg
Kiwis ....2 kg
Knoblauch ....500 g
Königsberger Klopse .....1 kg
Krabben ....1 kg
Kraftbrühe ....2 l
Kräutermischung ....100 g
Kroketten................2 kg
Kürbis ....1 kg
Leberknödel ....1 kg
Linseneintopf ....2 l
Mais ....2 kg
Makrelenfilet ....1 kg
Mandarinen ....1 kg
Mangos ....1 kg
Mirabellen ....1 kg
Mixedpickles ....1 kg
Nasi Goreng ....1 kg

Nudeln ....3 kg
Nudelsuppe ....2 l
Obstsalat.................1 kg
Ochsenschwanzsuppe .....2 l
Paprika ....1 kg
Petersilie ....100 g
Pfirsiche ....2 kg
Pflaumen ....2 kg
Pflaumenmus ....2 kg
Pilzmischung............1 kg
Preiselbeeren ....500 g
Ragout fin ....2 kg
Ratatouille ....2 kg
Ravioli ....2 kg
Reis ....3 kg
Rindfleischsuppe ....2 l
Rosenkohl ....1 kg
Rösti ....2 kg
Rotbarschfilet............1 kg
Rote Bete ....1 kg
Rotkohl ....2 kg
Rumpsteaks ....2 kg
Sardinen ....1 kg
Sauerbraten ....2 kg
Sauerkraut ....2 kg
Scampi...................1 kg
Schinken ....1 kg
Schnittlauch ....100 g

Schollenfilet .... 1 kg
Schwarzwurzeln .... 1 kg
Sellerie .... 1 kg
Spargel .... 2 kg
Spargelcremesuppe .... 2 l

Spinat .... 1 kg
Thunfisch .... 2 kg
Tomaten .... 2 kg
Tomatenmark .... 500 g
Tomatensauce .... 1 l
Tomatensuppe .... 2 l
Tortenböden .... 1 kg
Tintenfischringe .... 1 kg
Würstchen .... 1 kg
Zwiebelsuppe .... 2 l

Produkte haltbar bis 12 Monate

Basilikum .... 100 g
Blätterteig .... 1 kg
Broccoli .... 1 kg
Cannelloni .... 2 kg
Dessertpulver .... 500 g
Dill .... 100 g
Eiscreme .... 2 l
Kartoffelgratin .... 2 kg
Kartoffelklöße .... 2 kg
Kartoffelpuffer .... 1 kg
Kartoffelpüree .... 1 kg
Ketschup .... 2 l
Lasagne .... 1 kg

Mürbeteig .... 1 kg
Oliven .... 1 kg
Pommes frites .... 2 kg
Risotto .... 1 kg
Tacos .... 1 kg

Produkte haltbar bis 3 Monate

Backcamembert .... 1 kg
Barbecuesauce .... 500 ml
Béchamelsauce .... 500 ml
Bratkartoffeln .... 1 kg
Bratwürstchen .... 1 kg
Brötchenbacklinge .... 1 kg
Croutons .... 200 g
Currysauce .... 500 ml
Eierstich .... 500 g
Götterspeise .... 1 l
Holländische Sauce ... 500 ml
Milch .... 5 l
Paprikasauce .... 500 ml
Pesto .... 500 ml
Pilzsauce .... 500 ml

Pizzaböden .... 1 kg
Sahne .... 1 l
Sahnesauce .... 500 ml
Sardellen .... 500 g
Sauce Béarnaise ...... 500 ml
Zwiebeln .... 1 kg

Produkte haltbar bis 3 Wochen

Brötchen .... 500 g
Croissants .... 500 g
Forellenfilet .... 1 kg
Frischkäse .... 500 g
Frühlingsrollen .... 500 g
Frühstücksspeck .... 500 g
Gnocchi .... 500 g
Gulasch .... 1 kg
Gyros .... 1 kg
Hot Dogs .... 500 g
Kräuterbutter .... 500 g
Milchreis .... 1 kg
Mousse au Chocolat ...... 1 kg
Pudding .... 1 kg
Räucherlachs .... 1 kg
Rote Grütze .... 500 ml
Sahnedessert .... 500 ml
Salatmischung .... 1 kg
Schupfnudeln .... 1 kg
Zaziki .... 1 l

Tipps fürs clevere Sortieren der Verpackungen

Ohne Verpackung geht in der modernen Küche fast nichts mehr. Schon der Verkauf von Lebensmitteln setzt zumeist eine Verpackung voraus. Häufig ist sie zudem Voraussetzung für längere Lagerhaltung. Sie schützt die Nahrungsmittel nicht nur vor Einwirkungen von außen, vor Licht, extremen Temperaturen, Feuchtigkeit, Verunreinigungen und Bakterienbefall. Sie bewahrt außerdem Inhaltsstoffe, Aroma und Geschmack. Auch vereinfachen Verpackungen den Transport. Im Geschäft informiert ihr Aufdruck über das Produkt, das Sie in der Hand halten. Aber wie können wir mit Verpackungen möglichst umweltfreundlich umgehen?

Geben Sie Ihrer Verpackung eine Zukunft

Hersteller und Handel haben die Zeichen der Zeit erkannt: Ständig werden neue Verpackungen entwickelt, die einerseits leichter sind als ihre Vorgänger und andererseits mit recycelten anstatt mit neuen Rohstoffen hergestellt werden. So wiegt eine Nudeltüte heute 20 Prozent weniger als früher. Das Gewicht einer Getränkedose mit einem Inhalt von 0,33 Liter sank zwischen den achtziger und den neunziger Jahren von 82 auf nur noch 28 Gramm. Und: Wo Verpackungen eingespart werden können, wird auf ihren Einsatz mittlerweile oft gänzlich verzichtet. Von 1991 bis 1997 ist alleine der Verpackungsverbrauch um 13 Prozent gesunken.

Kreislauf ist Trumpf

Zu diesem Erfolg hat nicht zuletzt der Grüne Punkt auf den Verpackungen beigetragen, der vom Dualen System vergeben wird. Es organisiert das Sammeln und von Verpackungen. Unter dem Motto »Abfall ist Rohstoff« ist ein regelrechter Materialkreislauf aufgebaut worden: Die Verpackung gelangt vom Hersteller zum Nahrungsmittelproduzenten, der seine Ware darin abfüllt. Er beliefert den Händler damit, dieser wiederum die Verbraucher. Die Haushalte geben ihre geleerten Verpackungen in die Sammelsysteme des Dualen Systems weiter. Dieses sorgt dafür, dass gebrauchte Verpackungen zu neuem Rohstoff werden.

Was wird wie recycelt?

Damit dieses System funktioniert, müssen die Verpackungen nach ihrem Material getrennt gesammelt und als Vorraussetzung dazu sortiert werden. Schließlich soll der gewonnene Rohstoff so rein wie möglich der Wiederverarbeitung zur Verfügung stehen. Die wichtigsten Materialgruppen – Fraktionen genannt – sind folgende:

Aluminium

Aufgrund seiner hervorragenden Eigenschaften wird Aluminium vielfältig als Verpackungsmaterial verwendet. Fürs Recycling wird das Leichtmetall eingeschmolzen und kann so ohne Qualitätseinbußen und ohne Mengenbeschränkung immer wieder zu hochwertigen Produkten verarbeitet werden. Dabei werden bis zu 95 Prozent Energie gegenüber der Herstellung von Aluminium aus Rohstoffen eingespart.

Glas

In der Küche begegnet uns Glas vor allem in Form von Flaschen oder Gläsern. Für das Recycling wird gebrauchtes Glas zunächst zerkleinert. Aus den Scherben werden Fremdmaterialien wie Papier oder Metallfolien für Aufkleber und Etiketten aussortiert. Das Glas wird anschließend geschmolzen und kann dann erneut verarbeitet werden.

Kunststoffe

Diese finden wir z.B. in Jogurtbechern. Sortenreine Kunststoffe können nach der Schmelze zuerst zu einem Granulat und dann zu neuen Produkten verarbeitet werden, deren Qualität sehr hochwertig ist. Allerdings werden für Verpackungen häufig gemischte Kunststoffe benötigt, deren Trennung etwas aufwendiger ist. Meist werden diese in ihre Ausgangsstoffe Öl und Gas zurückverwandelt.

Papier

Papier, Karton und Pappe sind vielseitige Verpackungsmaterialien. Altpapier wird schon seit langem zur Papierproduktion verwendet. Gebrauchte Faltschachteln, Wellpappeverpackungen, Packpapiere etc. haben jedoch ganz andere Merkmale als Altpapier aus Zeitungen, Zeitschriften, Katalogen und Prospekten. Wichtig für den Verwertungsprozess ist deshalb eine entsprechende Sortierung, bevor diese Rohstoffe zur Herstellung von neuem grafischen Papier oder von Papier, Karton und Pappe für Verpackungszwecke eingesetzt werden.

Verbundstoffe

Sie bilden die Grundlage einer großen Zahl von Verpackungen, für die verschiedene Materialien kombiniert wurden. Ein Getränkekarton zum Beispiel besteht aus Karton, Kunststoff und teilweise Aluminium. Der Karton geht in den Papierkreislauf, aus Kunststoff und Metall wird ein Rohstoff für die Zementproduktion gewonnen.

Weißblech

Weißblech ist der Stoff, aus dem u.a. Lebensmitteldosen hergestellt werden. Geleerte Dosen werden zunächst gepresst und als dichte Metallballen der Schmelze zugeführt. Aus dem wiedergewonnenen Metall werden Stahlstränge gegossen, aus denen genauso wieder Dosen entstehen können oder auch Auto-Karosserien.

Trennt's – aber richtig!

Die technischen Möglichkeiten zum Recycling sind ja gut und schön – aber wenn der Umweltschutz nicht mit der Mülltrennung im Haushalt beginnt, nutzen sie leider gar nichts! – »Trennt's« ist die Parole.

In vielen Gegenden Deutschlands, Österreichs und der Schweiz sowie mancher europäischer Nachbarländer gibt es bereits moderne Möglichkeiten der Mülltrennung. Dazu gehören:

- der **Gelbe Sack** oder die **Gelbe Tonne** für Plastikabfall und Verbundverpackungen (Getränkekartons, beschichtete Pizzaschachteln, Alufolien für Kaffeepulver),
- der **Altglascontainer** für Weißglas, Grünglas und Braunglas,
- die **Papiertonne** oder der **-container** für Papier und Pappe,
- die **Grüne Tonne/Biotonne** für organischen Abfall, wie z.B. Essensreste.

In Deutschland sammelt das Duale System Verkaufsverpackungen getrennt nach Leichtverpackungen, Papier und Glas in den entsprechenden Behältnissen. Bestehen Verpackungen aus unterschiedlichen Materialien, sollten diese auch getrennt werden. Beispiel: Kaffeeverpackungen aus Papier und Aluminium. In Österreich und in der Schweiz funktioniert dieses System etwas anders. Doch nicht überall herrschen gleiche Bedingungen. Am besten erkundigen Sie sich bei Ihrer Stadt, Ihrer Gemeinde oder Ihrem Landkreis, wie Sie am besten zur Mülltrennung und damit zur Schonung unserer Umwelt beitragen können. Auch die im Anhang aufgeführten Ansprechpartner geben nützliche Tipps.

Ansprechpartner nennt Ihnen:

- in Deutschland
  Duales System Deutschland AG
  Frankfurter Str. 720 – 726
  51145 Köln
  Tel. (02203) 9 37 -0

- in Österreich
  Bundesministerium für Umwelt, Jugend und Familie
  Stubenbastei 5
  1010 Wien
  Tel. (01) 5 15 22 –0

  ARA Altstoff
  Recycling Austria AG
  Mariahilferstr. 123
  1062 Wien
  Tel. (01) 5 99 97 -0

- in der Schweiz
  Eidgenössisches Departement für Umwelt, Verkehr, Energie und Kommunikation
  3003 Bern
  Tel. 3 13 22 93 11

Legende

- Gelbe Tonne oder Gelber Sack
- Papiertonne/-container
- Biotonne
- Glascontainer
- Restmüll
- Sondermüll

Richtig sortieren im Überblick

- Aludeckel u. -schalen
- Alufolie
- Apfelsaftkartons
- Arzneimittelblister

- Babyflaschen/Kunststoff
- Backpapiere
- Bananenschalen
- Batterien
- Bonbonpapiere
- Buttereinwickelfolien

- Cremedosen/Glas
- Cremedosen/Kunststoff

- Damenstrumpfhosen

- Eierschalen
- Eisverpackungen/Karton
- Eisverpackungen/Kunststoff

- Farben
- Feuerzeuge
- Frischhaltefolien/Kunststoff
- Frittenschalen/Kunststoff

- Gartenabfälle
- Geschenkpapiere/beschichtet
- Geschenkpapiere
- Geschenkkordeln
- Getränkedosen
- Getränkeeinwegflaschen
- Glühbirnen
- Gummibärchen-Tüten

- Haferflockenkartons
- Haushaltstücher
- Honiggläser

- Jogurtbecher

- Käseeinwickelfolien
- Kaffeesatz u. -filter
- Kaffeevakuumverpackungen
- Kataloge
- Klarsichthüllen
- Klebeetikettenreste
- Kleister/fest
- Konservendosen
- Kosmetiktücher
- Küchentücher
- Küchenmesser
- Kugelschreiber
- Kugelschreiberminen

- Lackdosen/leer
- Lacke
- Lösungsmittel

- Margarinebecher
- Mayo-/Ketschup-/Senftüten bzw. -tuben
- Milchbeutel/Kunststoff
- Milchdosen/Weißblech
- Milchdosen/Kunststoff
- Milchkartons
- Müslibeutel/Kunststoff

- Nudelverpackungen/Karton
- Nudelverpackungen/Kunststoff

- Obstschalen aus geschäumtem Kunststoff

- Pizzakartons/beschichtet
- Pizzakartons/Pappe
- Plastikbestecke
- Plastikkartons
- Plastikteller
- Plastiktüten
- Porzellangeschirr
- Puddingpulvertüten
- Putztücher

- Quarkbecher
- Q-Tips

- Rasierklingen
- Reinigungsmittelflaschen/Kunststoff

- Saftkartons
- Servietten
- Schnuller
- Schokoladenpapiere
- Schokoladen-Alufolien
- Shampooflaschen
- Sonnencremeflaschen
- Speiseölflaschen/Glas
- Speiseölflaschen/Kunststoff
- Spiegel
- Spielzeuge
- Spraydosen (restentleert)
- Spülmittelflaschen
- Staubsaugerbeutel

- Taschentücher/Papier
- Tesafilmroller
- Tiefkühlkostschachteln aus Pappe

- Verpackungsfolien
- Verschlüsse
- Videokassetten
- Vitamintablettenröhrchen

- Windeln
- Wischmops
- Wursteinwickelfolien

- Zahnbürsten
- Zahnpastatuben
- Zeitschriften/Zeitungen

Register nach Zubereitungszeiten

bis 15 Minuten

bis 30 Minuten

bis 45 Minuten

Bild- und Textquellennachweis

ADAM: 21
Alberto: 48, 54, 58, 61
Birkel: 9, 29, 80
Bonduelle: 13, 31, 32, 41, 42, 44, 46, 60, 79, 84, 92, 99, 119
Deutsche Champignons: 45
Deutscher Käse: 10, 69
Deutsches Teigwaren-Institut: 11, 29
Eschenbach: 51, 105
Food Promotion: 15, 34, 35, 63, 77, 78, 91, 98 oben, 103, 106, 113
Fuchs-Gewürze: 31, 120
Geti Wilba: 100 unten
Kikkoman: 33, 108
Knorr: 9, 19, 21, 40, 59, 73, 85, 90, 92, 107, 119, 120 (2x)
Koopmans: 57, 96 unten
Kraft: 31, 39, 48, 116
Langnese-Iglo: 14, 25, 26, 55, 59, 61, 102, 104 unten, 107, 118, 121
Löwensenf: 121
Maggi Kochstudio: 68, 72, 75, 88, 101, 109, 111, 114, 115
Mazola: 15, 92
McCain: 23, 49, 50, 59, 70, 71, 82, 89, 112, 121
Meggle: 73
National Sunflower Association: 27, 28, 98 unten
Pfanni: 17, 43
Rila Feinkost: 36
Suzi Han: 67
The Foodprofessionals Köhnen: 8, 16, 30, 37, 38, 39, 62, 92, 94, 96 oben, 104 oben
Thomy: 109
Ubena: 45
Uncle Ben's: 18, 24, 52, 53, 73, 76, 95 unten, 97, 99
Unox: 20, 65, 66, 67, 74, 81, 86, 87, 95 oben, 117
Zamek: 9, 64, 83, 107, 100 oben, 121

Impressum

Der Inhalt dieses Buches ist sorgfältig recherchiert und erarbeitet worden. Dennoch können weder Autor noch Verlag für alle Angaben im Buch eine Haftung übernehmen.

Weltbild Buchverlag

Konzept und Realisation: Verlagsbüro. München
Einbandgestaltung und Layout: Hubert Medien Design
Titelbild: Tony Stone Images, München
Redaktion: Anna Thal
Bildredaktion: Margrit Lingner
Lithoarbeiten: PHG Lithos, Martinsried
Druck und Bindung: Franz Spiegel Buch GmbH, Ulm

Gedruckt auf chlorfrei gebleichtem Papier

Printed in Germany

ISBN 3-89604-289-0

Redaktion und Verlag danken folgenden Unternehmen und Verbänden für die Unterstüzung bei der Realisation dieses Buches:
Appel & Frenzel, ADAM, Birkel, Bonduelle, Deutsche Champignons, Deutscher Käse, Deutsches Teigwaren-Institut, Thomy Feinkost-Produkte, Effem, Eschenbach Porzellan, Freiberger Lebensmittel, Fuchs-Gewürze, Geti Wilba, Kikkoman, Knorr, Koopmans Backspezialitäten, Kraft Jacobs Suchard Erzeugnisse, Langnese-Iglo, Maggi, Mazola, McCain, Meggle, National Sunflower Association, Pfanni, Rila Feinkost-Importe, Ubena, Uncle Ben's, Union Deutsche Lebensmittelwerke, Zamek Nahrungsmittelfabriken